Dr. Jaerock Lee

Uyanık
Durup Dua
Edin

URIM BOOKS

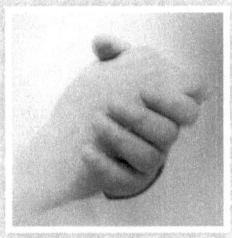

"[İsa] Öğrencilerin yanına döndüğünde onları uyumuş buldu. Petrus'a, 'Demek ki benimle birlikte bir saat uyanık kalamadınız!' dedi. Uyanık durup dua edin ki, ayartılmayasınız. Ruh isteklidir, ama beden güçsüzdür."
(Matta 26:40-41)

Uyanık Durup Dua Edin Yazar: Dr. Jaerock Lee
Urim Kitapları tarafından yayınlanmıştır (Temsilci: Seongnam Vin)
73, Yeouidaebang-ro 22-gil, Dongjak-gu, Seoul, Korea
www.urimbooks.com

Yayınevinin yazılı izni olmadan bu yayının herhangi bir biçimde çoğaltılması, bilgisayar ortamında kullanılması, fotokopi yoluyla dağıtılması veya herhangi bir şekilde (elektronik, mekanik, kayıt) yayınlanması yasaktır.

Aksi belirtilmedikçe, tüm alıntılar Türkçe Kutsal Kitap'tan alınmıştır. Eski Antlaşma © The Bible Society in Turkey, 2001 Yeni Antlaşma © Thre Translation Trust, 1987, 1994, 2001.

Telif Hakkı © 2018 Dr. Jaerock Lee
ISBN: 979-11-263-0428-8   03230
Çeviri Hakkı © 2014 Dr. Esther K. Chung. İzin alınmıştır.

Daha önce Kore dilinde Urim Kitapları tarafından 1992 yılında yayınlanmıştır.

İlk Baskı Temmuz 2018

Editör: Dr. Geumsun Vin
Urim Kitapları Yazı İşleri Ofisi tarafından tasarlanmıştır.
Prione Matbaacılık tarafından basılmıştır
Daha fazla bilgi için: urimbook@hotmail.com

Basımla İlgili Not

Tanrı, bizlere sürekli dua etmemizi buyurmasının yanı sıra neden sürekli dua etmemizle ilgili bizleri bilgilendirir ve ayartılmayalım diye dua etmemiz hususunda bizleri uyarır.

Sağlam ve iyi bir sağlığa sahip bir kişi için nefes almak nasıl zor bir iş değilse, ruhani anlamda sağlıklı bir kişide Tanrı'nın sözüne göre yaşamayı ve sürekli dua etmeyi doğal bulur ve çetin görmez. Çünkü bir kişi ne kadar çok dua ederse, o kadar iyi bir sağlığı olur ve canı da gönenç içinde, her şey onun için yolunda gider. Dolayısıyla duanın önemi asla yeterince vurgulanamaz.

Yaşamı sonlamış bir kişi artık burnundan nefes alıp veremez. Aynı şekilde ruhu ölmüş bir insanda ruhani nefesi alamaz. Diğer bir deyişle, Âdem'in günahı yüzünden insanın ruhu ölmüştür ama Kutsal Ruh ile ruhları canlananlar, tıpkı bizler nefes almaya nasıl ara vermiyorsak, onlarda ruhları canlı olduğu sürece asla dua etmekten vazgeçmezler.

İsa Mesih'e yeni iman edenler bebekler gibidir. Nasıl dua

edileceğini bilmezler ve dua etmeyi yorucu bulurlar. Ancak Tanrı Sözüne dayanmaktan vazgeçmedikleri ve şevkle dua etmeye devam ettikleri sürece, ruhları gelişir ve gayretli dualarla güçlenirler. Daha sonra bu kişiler, nasıl insanlar nefes alıp vermeden yaşayamıyorsa, kendilerininde duasız yaşayamayacaklarını kavrarlar.

Dua, bizlerin sadece ruhani nefesi değil ama Tanrı ve çocukları arasında her zaman açık olması gereken bir diyalog kanalıdır. Günümüz modern ailelerinde ki pek çok ebeveyn ve çocukları arasında ki iletişim kopukluğu olgusu, trajediden başka bir şey değildir. Karşılıklı güven bozulmuş ve ilişkileri basit bir formaliteye dönüşmüştür. Ancak bizlerin Tanrı'mıza söyleyemeyeceğimiz hiçbir şeyimiz yoktur.

Her şeye gücü yeten Tanrı'mız, bizleri en iyi anlayan, her zaman bizlere dikkatle göz kulak olan ve her zaman Kendisiyle konuşmamızı arzulayan ilgili Baba'mızdır. Bu sebeple dua, Her şeye gücü yeten Tanrı'nın yüreğinin kapısını açıp kapayabileceğimiz bir anahtar, zamanla mekânın ötesine geçen bir silahtır. Güçlü dualarla değişen dünya tarihinin yönünü ve dönüşen yaşamlarıyla sayısız Hristiyanı görmediniz, duymadınız ve tecrübe edinmediniz mi?

Dua ettiğimiz ve Kutsal Ruh'un yardımını alçakgönüllülükle istediğimizde, Tanrı bizi Kutsal Ruh ile dolduracak, İsteğini daha açık anlamamızı ve O'na göre yaşamamıza izin verecek, düşman şeytanın üstesinden gelmemizi ve dünyada zafer sahibi olmamızı sağlayacaktır. Ancak bir kişi dua etmediğinden Kutsal Ruh'un rehberliğini almamış ise, kendi düşünce ve teorilerine dayanacak, Tanrı'nın isteğine karşı olan gerçek dışılıkta yaşayacak ve kurtuluşa sahip olması zorlaşacaktır. Bu sebeple Kutsal Kitap Koloseliler 4:2 ayetinde, *"Kendinizi duaya verin. Duada uyanık kalın, şükredin"* ve Matta 26:41 ayetinde,

"Uyanık durup dua edin ki, ayartılmayasınız. Ruh isteklidir, ama beden güçsüzdür" yazar.

Tanrı'nın tek ve yegâne Oğlu İsa'nın, Tanrı'nın isteğine uygun olarak tüm işleri başarıyla tamamlamasının nedeni, duanın gücüdür. Halk arasında ki hizmetlerine başlamadan önce Rab'bimiz İsa 40 gün boyunca oruç tuttu ve üç yıllık hizmeti esnasında edebildiği her an dua ederek duayla dolu bir yaşam örneği sundu.

Pek çok Hristiyanın duanın önemini bildiğini görürüz ama pek çokları Tanrı'dan dualarının karşılığını almazlar çünkü Tanrı'nın isteğine göre nasıl dua edileceğini bilmezler. Uzunca bir süredir bu tür kişileri görmek ve duymaktan çok üzüntülüyüm ama 20 senelik hizmetim ve ilk elden edindiğim tecrübelere dayanan dua üzerine bir kitabı yayınlamaktan da çok hoşnudum.

Ümit ediyorum ki bu küçük kitap, Tanrı ile tanışan ve O'nu tecrübe edinen, güçlü dua yaşantısı sürdüren her okuyucuya yardımcı olsun. Her okuyucunun tetikte olması ve sürekli dua etmesini diler ve Rab'bimizin adıyla bunun için dua ederim ki iyi bir sağlığın tadına varsınlar ve hatta canları gönenç içinde olarak her şey hayatlarında yolunda gitsin.

Jaerock Lee

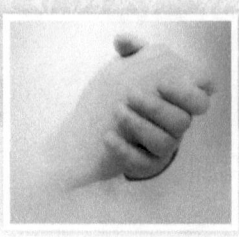

İçindekiler

Uyanık Durup Dua Edin

Basımla İlgili Not

1. Bölüm
Dile, Ara ve Kapıyı Çal 1

2. Bölüm
Duayla Dilediğiniz Her Şeyi Daha Şimdiden Almış Olduğunuza İnanın 19

3. Bölüm
Tanrı'nın Hoşnut Olduğu Dua 33

4. Bölüm
Ayartılmayasınız 55

5. Bölüm
Doğru Bir Kişinin Duası 71

6. Bölüm
Yeryüzünde Aranızda İki Kişi Anlaşırsa 83

7. Bölüm
Her Zaman Dua Edin ve Vazgeçmeyim 99

1. Bölüm

Dile, Ara ve Kapıyı Çal

"Dileyin, size verilecek;
arayın, bulacaksınız; kapıyı çalın,
size açılacaktır Çünkü her dileyen alır, arayan bulur,
kapı çalana açılır.
Hanginiz kendisinden ekmek isteyen oğluna taş verir?
Ya da balık isterse yılan verir?
Sizler kötü yürekli olduğunuz halde çocuklarınıza
güzel armağanlar vermeyi biliyorsanız,
göklerdeki Babanız'ın, kendisinden dileyenlere
güzel armağanlar vereceği çok daha kesin değil mi?"

Matta 7:7-11

1. Tanrı, Dileyenlere Güzel Armağanlar Verir

Tanrı, çocuklarının sefalet ve hastalıklardan çekmesini istemez ama hayatlarında ki her olayın iyi gitmesini arzular. Ancak hiçbir çaba harcamadan aylak aylak oturuyorsak, hiçbir hasat almayacağız. Evrende ki her şey Tanrı'ya ait olduğundan Tanrı'nın bize evrende ki her şeyi verebilmesine rağmen O, çocuklarından dilemesini, aramasını ve tıpkı "ağlamayan çocuğa meme vermezler" özdeyişi gibi kendi başlarına başarmalarını arzular.

Eğer bir kişi aylak aylak oturarak her şeyi almayı diliyorsa, bu kişinin bahçeye ekilmiş bitkilerden farkı yoktur. Kendi hayatlarını yaşamak için hiçbir çaba göstermeden tüm günü yataklarında geçiren ve durağan bitkiler gibi davranan çocuklar karşısında anne-babalar nasılda çaresizdir. Böylesi bir davranış, tüm zamanını meyvenin ağaç dalından ağzına düşmesini bekleyen tembel adama benzer.

Tanrı, bizlerden gayretle dileyen, arayan ve kapıyı çalan bilge ve çalışkan çocukları olmamızı ister ki O'nun kutsamalarını alalım ve O'nu yüceltelim. Bu sebeple kesin bir dille bizlere dilememizi, aramamızı ve kapıyı çalmamızı buyurmuştur. Hiçbir anne-baba ekmek isteyen çocuğuna taş vermez. Hiçbir anne-baba balık isteyen çocuğuna yılan vermez. Hatta anne-babalar çok kötü olsalar bile çocuklarına güzel armağanlar vermeyi arzularlar. Tanrı'mızın – bizleri, tek Oğlu'nun bizler adına ölmesi noktasında seven – Çocuklarına dilediklerinde güzel armağanlar vereceklerini düşünmüyor musunuz?

Yuhanna 15:16'da İsa bize şöyle der: *"Siz beni seçmediniz, ben sizi seçtim. Gidip meyve veresiniz, meyveniz de kalıcı olsun diye sizi ben atadım. Öyle ki, benim adımla Baba'dan ne dilerseniz size versin."* Bu, gayretle dilediğimizde, aradığımızda ve kapıyı çaldığımızda Tanrı'nın göklerin kapılarını açacağına, bizleri kutsayacağına ve hatta yüreklerimizin arzularının karşılığını vereceğine dair kutsal vaadidir.

Kitabın bu bölümün dayandığı ayetle şimdi nasıl dileyeceğimizi, arayacağımızı, kapıyı çalacağımızı ve Tanrı'dan dilediğimiz her şeyi nasıl alacağımızı öğrenelim ki Tanrı için büyük bir yüceltme ve bizler için ise büyük bir sevinç olsun.

2. Dileyin, Size Verilecek

Tanrı, insanlarına "Dileyin, size verilecek" der ve her dileyenin istediğini aldığı kutsanmış bir kişi olmasını arzular. Öyleyse bizlere ne için dilememizi söyler?

1) Tanrı'nın Kudretini ve Yüzünü Görmeyi Dileyin

Gökle yeri ve onun içinde ki her şeyi yarattıktan sonra Tanrı, insanı yarattı. Ve insanı kutsadı, onlara verimli olup çoğalmalarını, yeryüzünü doldurup denetimlerine almalarını, denizdeki balıklara, gökteki kuşlara, yeryüzünde yaşayan bütün canlılara egemen olmalarını söyledi. İlk insan Âdem Tanrı'nın Sözüne itaatsizlik ettikten sonra bu kutsamaları kaybetti ve Tanrı'nın Sesini duyunca saklandılar (Yaratılış 3:8). İlaveten, günahkâr olan insan ırkı, Tanrı'dan uzaklaştı ve düşman şeytanın esirleri olarak yıkım yoluna sürüklendi. Bu günahkârlar için sevgi Tanrı'sı, Oğlu İsa Mesih'i yeryüzüne bu insanları kurtarması ve kurtuluş yoluna çıkan kapıyı açması için gönderdi. Ve her kim İsa Mesih'i şahsi Kurtarıcısı olarak kabul eder ve O'nun adına inanırsa, Tanrı o kişiyi tüm günahlarından bağışlar ve Kutsal Ruh'u armağan olarak verir.

Dahası İsa Mesih'e iman bizleri kurtuluş yoluna taşır ve Tanrı'nın kudretini almamızı sağlar. Ancak Tanrı bize kudret ve gücünü verdiğinde bizler başarılı dindar hayatlar sürdürürüz. Diğer bir deyişle ancak yukarıdan gelen lütuf ve güçle dünyanın üstesinden gelebilir ve Tanrı'nın Sözüne göre yaşayabiliriz. Ve şeytanı yenilgiye uğratmak için O'nun gücünü almaya gereksinim duyarız.

Mezmurlar 105:4 ayeti bize şöyle der: *"RAB'be ve O'nun gücüne bakın, Durmadan O'nun yüzünü arayın!"* Tanrı'mız, *"BEN BENİM"* (Mısır'dan Çıkış 3:14), göğü ve yeri yaratan (Yaratılış 2:4) ve başlangıçtan sonsuza dek evrendeki her şeyi ve tüm tarihi yönetendir. Tanrı, Sözdür ve Söz ile evrende ki her şeyi yaratmıştır. Dolayısıyla O'nun Sözü güçtür çünkü insanın sözleri her zaman değişir ve sözlerinin ne yaratma ne de bazı şeyleri gerçekleştirme gücü vardır. İnsanın gerçeğe aykırı ve sürekli değişen sözlerinin aksine, Tanrı'nın Sözü canlı, güçle dopdoludur ve yaratılışın gücünü ortaya koyar.

Bu sebeple bir kişi ne kadar güçsüz olursa olsun eğer yaşayan Tanrı'nın sözünü duyar ve hiç şüphe duymadan inanırsa, o kişide yaratılışın gücünü ortaya koyar ve yoktan yaratabilir. Bir şeyi yoktan yaratmak, kişinin Tanrı Sözüne iman etmeden yapması mümkün olmayan bir şeydir. Bu sebeple İsa, huzuruna gelen herkese, *"inandığın gibi olsun"* (Matta 8:13) demiştir. Özetle, Tanrı'nın kudretini dilemek, bize iman vermesini dilemekle aynıdır.

Öyleyse, "durmadan O'nun yüzünü arayın" cümlesi ne anlama gelir? Tıpkı yüzünü bilmediğimiz bir kişiyi "tanıdığımızı" söyleyemiyorsak, "O'nun yüzünü aramak", bizlerin "Tanrı'nın kim olduğunu" keşfetmek için yaptığımız çabaya işaret eder. Daha önce Tanrı'nın yüzünü görmekten ve O'nun sesini duymaktan kaçınanların şimdi yüreklerini açtığı, O'nu aradığı, anladığı ve Sesini duymaya çabaladığı anlamına gelir. Günahkâr başını dik tutamaz ve diğerlerinden yüzünü çevirmeye çalışır. Ancak bağışlandığı takdirde başını kaldırabilir ve diğer insanları görebilir.

Aynı şekilde tüm insanlarda Tanrı'nın sözüne itaatsizliğin sonucu olarak günahkârlardır ama eğer bir kişi İsa Mesih'e iman eder ve Kutsal Ruh'u alarak bağışlanırlarsa, ışığın bizzat Kendisi olan Tanrı'yı görebilir çünkü doğru olan Tanrı tarafından doğru kişi ilan edilir.

Tanrı'nın tüm insanlara, "Tanrı'nın yüzünü görmeyi dileyin" demesinin en önde gelen nedeni, onların – günahkârların – her birinin Tanrı'yla barışmasını, Tanrı'nın yüzünü görmek için Kutsal Ruh'u almasını ve O'nunla yüz yüze gelebilecek çocukları olmasını istemesidir. Kişi, Yaratan Tanrı'nın bir çocuğu olduğunda, hiçbir şeyin daha büyük bir kutsama olmadığı gökleri, sonsuz yaşamı ve mutluluğu alacaktır.

2) Tanrı'nın egemenliğini ve doğruluğunu başarmayı dileyin

Kutsal Ruh'u alan ve Tanrı'nın bir çocuğu olan kişi, ruhta yeniden doğduğundan yeni bir hayat yaşabilir. Bir canı, göklerden ve yerden çok daha değerli sayan Tanrı, biz Çocuklarından O'nun egemenliğinin ve doğruluğunun ardından gitmeyi dilememizi ister (Matta 6:33).

İsa bizlere Matta 6:25-33'de şöyle seslenir:

> *Bu nedenle size şunu söylüyorum: 'Ne yiyip ne içeceğiz?' diye canınız için, 'Ne giyeceğiz?' diye bedeniniz için kaygılanmayın. Can yiyecekten, beden de giyecekten daha önemli değil mi? Gökte uçan*

kuşlara bakın! Ne eker, ne biçer, ne de ambarlarda yiyecek biriktirirler. Göksel Babanız yine de onları doyurur. Siz onlardan çok daha değerli değil misiniz? Hangi biriniz kaygılanmakla ömrünü bir anlık uzatabilir? Giyecek konusunda neden kaygılanıyorsunuz? Kır zambaklarının nasıl büyüdüğüne bakın! Ne çalışırlar, ne de iplik eğirirler. Ama size şunu söyleyeyim, bütün görkemine karşın Süleyman bile bunlardan biri gibi giyinmiş değildi. Bugün var olup yarın ocağa atılacak olan kır otunu böyle giydiren Tanrı'nın sizi de giydireceği çok daha kesin değil mi, ey kıt imanlılar? Öyleyse, 'Ne yiyeceğiz?' 'Ne içeceğiz?' ya da 'Ne giyeceğiz?' diyerek kaygılanmayın. Uluslar hep bu şeylerin peşinden giderler. Oysa göksel Babanız bütün bunlara gereksinmeniz olduğunu bilir. Siz öncelikle O'nun egemenliğinin ve doğruluğunun ardından gidin, o zaman size bütün bunlar da verilecektir.

Öyleyse "Tanrı'nın egemenliğini aramak" ve "Tanrı'nın doğruluğunu aramak" ne demektir? Diğer bir deyişle, Tanrı'nın egemenliği ve doğruluğunu başarmak için ne dilemeliyiz?

Düşman şeytanın tutsakları ve kaderleri yıkım olan insan ırkı için Tanrı, tek ve yegâne Oğlu'nu yeryüzüne gönderdi ve İsa'nın çarmıhta ölmesine izin verdi. İsa Mesih'in aracılığıyla Tanrı ayrıca bizlerin kaybettiği otoriteyi iade etti ve kurtuluş yolunda yürümemize izin verdi. Bizler için ölen ve dirilen İsa Mesih ile ilgili ne kadar çok haber yayarsak, o kadar şeytanın gücü tahribe uğrar. Şeytanın gücü ne kadar çok tahribe uğrarsa o kadar çok kayıp canlar kurtuluşa ulaşır. Ne kadar çok kayıp canlar kurtuluşa ulaşırsa, Tanrı'nın egemenliği o kadar genişler. Dolayısıyla, "Tanrı'nın egemenliğini aramak", tüm insanlar Tanrı'nın çocukları olabilsin diye canları kurtarmak veya dünya misyonu için dua etmektir.

Bizler karanlıkta, günahın ve kötülüğün tam ortasında yaşıyorduk ama İsa Mesih'in aracılığıyla ışığın bizzat Kendisi olan Tanrı'nın huzuruna gelebilme yetkisini elde ettik. Çünkü Tanrı, iyilik, doğruluk ve ışıkta yaşar ve bizler günahlarımız ve kötülükle ne O'nun huzuruna çıkabiliyor ne de O'nun çocukları olabiliyorduk.

Bu sebeple "Tanrı'nın doğruluğunu arama", bir kişinin ölü ruhunun dirilmesi, canının gönenç içinde olması ve Tanrı'nın sözüne göre yaşayarak doğru kişi olması için dua etmesidir. Tanrı'nın Sözünü duymayı, O'nun sözüyle aydınlanmayı, günah ve karanlıktan çıkmayı, ışıkta yaşamayı ve Tanrı'nın kutsallığını izleyerek kutsallaşmayı O'ndan dilemeliyiz.

Kutsal Ruh'un arzuları peşi sıra benliğin işlerini söküp atma ve gerçeğe göre yaşayarak kutsallaşma, Tanrı'nın doğruluğunu başarıyla gerçekleştirmektir. Dahası, Tanrı'nın doğruluğunu başarıyla gerçekleştirmeyi dilediğimizde, canımız gönenç içinde olduğu gibi, her bakımdan sağlıklı olacak ve her şeyimiz yolunda gidecektir (3. Yuhanna 1:2). Bu sebeple Tanrı önce bizlerden

Tanrı'nın egemenliğini ve doğruluğunu başarıyla gerçekleştirmemizi dilemeyi buyurur ve bizlere istediğimiz diğer şeylerinde verileceğini vaat eder.

3) O'nun bir çalışanı olmayı ve Tanrı tarafından verilen görevleri yerine getirmeyi dileyin

Eğer Tanrı'nın egemenliğini ve doğruluğunu gerçekleştirmeyi dilerseniz, O'nun bir çalışanı olmak içinde dua etmelisiniz. Eğer zaten öyleyseniz, Tanrı tarafından verilen görevleri yerine getirmek için içtenlikle dua etmelisiniz. Tanrı, içtenlikle kendisini arayanları ödüllendirir (İbraniler 11:6) ve herkese yaptığının karşılığını verecektir (Vahiy 22:12).

Vahiy 2:10'da İsa bizlere şöyle söyler: *"Ölüm pahasına da olsa sadık kal, sana yaşam tacını vereceğim."* Bu yaşamda bile çok çalışanlar burs alır ve iyi okullara girerler. Biri işinde çok çalışırsa yükselir, daha iyi muamele görür ve daha iyi bir maaş alır.

Aynı şekilde Tanrı'nın çocukları, Tanrı tarafından verilen görevlerine sadık kaldıklarında daha büyük görev ve ödüller alırlar. Bu dünyanın ödülleri gerek büyüklük gerek ise görkemde göksel egemenliğin ödülleriyle mukayese dahi edilemez. Bu sebeple her birimiz imanda dirençli olmalı ve Tanrı'nın değerli bir çalışanı olmak için dua etmeliyiz.

Eğer bir kişinin henüz Tanrı tarafından verilen bir görevi

yoksa Tanrı'nın egemenliği için çalışan biri olmak için dua etmelidir. Eğer bir kişiye Tanrı tarafından bir görev verilmiş ise, bu görevi hakkıyla yerine getirmek ve daha büyük görevler almak için dua etmelidir. Rahip sınıfından olmayan bir kimse diyakoz olmak için dua ederken, bir diyakozda kilise ihtiyarı olmak için dua etmelidir. Küçük bir hücre lideri, bucak lideri olmak için dua etmeliyken, bucak lideri de bölge lideri olmak için dua etmelidir ve bölge lideri de daha yukarılara gelmek için dua etmelidir. Bu, bir kişinin kilise ihtiyarı ve diyakoz unvanını almak için dua etmesini söylediğimiz anlamına gelmez. Kişinin görevlerinde sadık olma arzusunda olduğuna, bunlar için büyük çaba gösterdiğine, hizmet ettiğine ve Tanrı tarafından en yüksek kapasitede kullanıldığına vurgu yapar.

Tanrı tarafından görev verilen insanlar için en önemli şey, şu anda sahip olduğu görevlerden çok daha fazlasını yürütebilecek çeşitte ki sadakatidir. Bunun için dua etmelidir ki Tanrı ona, "Gayet güzel, benim iyi ve sadık kulum!" desin.
1. Korintliler 4:2 bizlere şöyle der: *"Kâhyada aranan başlıca nitelik güvenilir olmasıdır."* Bu sebeple her birimiz kiliselerimizde, İsa'nın bedeninde ve diğer konumlarımızda Tanrı'nın sadık çalışanları olmak için dua etmeliyiz.

4) Gündelik ekmeği dileyin

İnsanları fukaralıklarından kurtarmak için İsa fakir doğdu.

Her türlü hastalık ve sakatlığı iyileştirmek için İsa dövüldü ve kanını akıttı. Bu yüzden Tanrı'nın çocuklarının bolluğun ve sağlıklı yaşamların tadına varması sadece doğaldır ve onların hayatlarında her şey yolunda gider.

Önce Tanrı'nın egemenliği ve doğruluğunu başarıyla gerçekleştirmeyi dilediğimizde, bizlere her şeyin verileceği söylenir (Matta 6:33). Diğer bir deyişle, Tanrı'nın egemenliği ve doğruluğunu gerçekleştirmeyi diledikten sonra, gıda, giysi, sığınak, iş ve iş hayatımızda bereket, ailelerimizin iyiliği gibi bu dünya da gerekli olan şeyler için dua edebiliriz. Böylece Tanrı vaat ettiği gibi bizlere verir. Tanrı'nın görkemi yerine benliğin arzuları için O'ndan dilediğimizde, Tanrı'nın dualarımıza yanıt vermeyeceğini aklımızda tutmalıyız. Günahkâr arzular için yapılan bir duanın Tanrı ile alakası yoktur.

3. Arayın, Bulacaksınız

"Arıyorsanız", bu, bir şeyi kaybettiğiniz anlamına gelir. Tanrı, insanlardan kaybetmiş oldukları bu "şeye" sahip olmalarını ister. Bizlere aramamızı buyurduğundan, öncelikle neyi kaybetmiş olduğumuzu saptamalıyız ki kaybettiğimiz bu "şeyi" arayabilelim. Ayrıca nasıl bulacağımızı da keşfetmeliyiz.

Öyleyse kaybettiğimiz nedir ve onu nasıl arayacağız?
Tanrı'nın yarattığı ilk insan, ruh, can ve bedenden meydana

gelmişti. Ruh olan Tanrı ile iletişim kurabilen yaşayan bir varlık olduğundan, ilk insan, Tanrı'nın kendisine verdiği tüm kutsamaların tadına vardı ve O'nun sözüne göre yaşadı. Ancak şeytan aklını çeldikten sonra, ilk insan Tanrı'nın buyruğuna itaatsizlik etti. Yaratılış 2:16-17 ayetlerinde şunları okuruz: *"Ona, 'Bahçede istediğin ağacın meyvesini yiyebilirsin' diye buyurdu. 'Ama iyiyle kötüyü bilme ağacından yeme. Çünkü ondan yediğin gün kesinlikle ölürsün.'"*

Bir insanın görevinin Tanrı'ya saygı göstermek ve buyruklarını yerine getirmek olmasına rağmen (Vaiz 12:13), ilk yaratılan insan Tanrı'nın buyruklarını tutamadı. Sonunda Tanrı'nın onu uyardığı gibi iyilikle kötülüğün meyvesinden yedikten sonra ruhu öldü. Böylece Tanrı ile artık iletişim kuramayan canın insanı oldu. Buna ek olarak, onun torunlarının ruhları da öldü ve artık vazifelerini daha fazla tutamayan benliğin insanları oldular. Âdem, Aden Bahçesinden lanetlenmiş toprağa atıldı. O ve ondan sonra gelenlerin hepsi kederin, acının ve hastalıkların ortasında yaşamak zorunda kaldılar ve ancak alın teri dökerek karınlarını doyurabildiler. Dahası, Tanrı'nın yaratış amacına uygun bir değerde yaşayamaz oldular. Kendi düşüncelere uygun yaşamlar sürdürdüklerinden, anlamsız şeylerinde peşinde gittiler ve bozuldular.

Ruhu ölmüş, sadece can ve bedenden ibaret bir kişinin tekrar Tanrı'nın yaratış amacına uygun değerde yaşaması için kaybolan ruhunu yeniden kazanması gerekir. Ancak bir insanın ölü ruhu canlandığında ve Ruh olan Tanrı ile iletişim kurabildiğinde, gerçek bir insan olarak yaşayabilecektir. Bu sebeple Tanrı bizlerden kaybolan ruhumuzu aramamızı buyurur.

Tanrı, tüm insanlık için ruhlarını canlandırabilme yolunu açmıştır ve bu yol İsa Mesih'tir. Tıpkı Tanrı'nın vaat ettiği gibi, İsa Mesih'e inandığımız zaman Kutsal Ruh'u alırız ve Kutsal Ruh inerek içimizde yaşar ve ölü ruhlarımızı yaşama geri döndürür. Tanrı'nın yüzünü aradıktan ve yüreklerimizin kapısını Çalışını duyduktan sonra İsa Mesih'i teslim aldığımızda, Kutsal Ruh gelecek ve ruhun doğuşunu sağlayacaktır (Yuhanna 3:6). Kutsal Ruh'a itaatle yaşar, benliğin işlerini söküp atar, gayretle dinler, onu günlük ekmeğimiz olarak alır ve Tanrı'nın sözüyle dua edersek, Kutsal Ruh'un yardımıyla Tanrı'nın Sözüne göre yaşayabileceğiz. Ölü ruhlar işte böyle bir süreçle dirilir ve kişi ruhun insanı olup Tanrı'nın kaybolan suretini geri kazanır.

Bir yumurtanın yüksek besin değeri taşıyan sarısını tüketmek istediğimizde, önce yumurtayı kırmalı ve beyazını ayırmalıyız. Aynı şekilde, bir insanın ruhun insanı olabilmesi için o kişinin benliğinin işlerinin sökülüp atılması ve Kutsal Ruh tarafından ruhunun doğuşunun sağlanması gerekir. Bu, Tanrı'nın sözünü ettiği "aramadır."

Farz edin ki dünyada ki tüm elektrik sistemi kapatılmış olsun. Tek başına çalışan hiçbir uzman tüm sistemi eski haline getiremez. Bir uzmanın elektrikçileri dağıtması ve dünyanın her bir köşesinde elektriği açması için gerekli parçaları üretmesi çok zamanını alacaktır.

Aynı şekilde, ölü ruhu tekrar diriltmek ve tamamıyla ruhun insanı olabilmek için bir kişinin Tanrı Sözünü duymaya ve bilmeye ihtiyacı vardır. Ancak Sözü sadece bilmek bu kişiyi ruhun insanı yapmaya yetmez. Tanrı'nın Sözüne göre yaşamak için, kişi Sözü gayretle özümsemeli, O'nu gündelik ekmeği yapmalı ve O'nun üzerinde dua etmelidir.

4. Kapıyı Çalın, Size Açılacaktır

Tanrı'nın sözünü ettiği "kapı", çaldığımız takdirde açılacak vaadinin kapısıdır. Tanrı bizlere nasıl bir kapıyı çalmamızı söylemiştir? Bu, Tanrı'mızın yüreğine açılan kapıdır.

Tanrı'mızın yüreğine açılan kapıyı çalmadan önce, bizim yüreklerimize açılan kapıyı ilk O çalar (Vahiy 3:20). Bunun bir sonucu olarak bizlerde yüreklerimize açılan kapıları açarak İsa Mesih'e iman ettik. O'nun yüreğine açılan kapıyı çalma sırası da şimdi bizlerdedir. Tanrı'mızın yüreği göklerden daha geniş ve okyanuslardan daha derin olduğundan, O'nun bu sınırsız yüreğine çıkan kapıyı çaldığımızda, istediğimiz her şeyi alırız.

Bizler dua ettikçe ve Tanrı'nın yüreğinin kapısını çaldıkça, O da göklerin kapısını açacak ve bizlerin üzerine hazineler yağdıracaktır. Ancak Tanrı'nın açıp kimsenin kapayamayacağı ve yine O'nun kapatıp kimsenin açamayacağı göklerin kapısını Tanrı açar ve bizleri kutsayacağını vaat ederse, kimse O'nun ve kutsama selinin karşısında duramaz (Vahiy 3:7).

Tanrı'nın yüreğine açılan kapıyı çaldığımız zaman O'ndan yanıt alırız. Ancak kişinin kapıyı çalmasına bağlı olarak alacağı kutsamalar büyük ya da küçük olur. Eğer büyük bir kutsama almayı diliyorsa, göklerin kapılarının olabildiğince geniş açılması gerekir. Bu nedenle, Tanrı'nın yüreğinin kapısını çok daha fazla ve gayretle çalmalı ve O'nu hoşnut etmelidir.

Kötülüğü içimizden söküp attığımız ve gerçekte O'nun buyruklarına göre yaşadığımızda, Tanrı hoşnut ve memnun olduğundan, bizlerde Tanrı'nın Sözüne göre yaşarsak dilediğimiz her şeyi alırız. Diğer bir deyişle, "Tanrı'nın yüreğinin kapısını çalmak" demek, Tanrı'nın buyruklarına göre yaşamak demektir.

O'nun yüreğinin kapısını gayretle çaldığımızda, Tanrı bizi asla azarlayamayacak ve "Neden böyle gürültülü kapı çalıyorsun?" demeyecektir. Tamamıyla tersi olacaktır. Tanrı çok daha hoşnut olacak ve dilediklerimizi bize vermeyi arzulayacaktır. Bu sebeple, eylemlerinizle Tanrı'nın yüreğinin kapısını çalmanızı, dilediğiniz her şeyi almanızı ve böylece Tanrı'yı olabildiğince çok yüceltebilmenizi umut ediyorum.

Hiç sapanla bir kuş yakaladınız mı? Sapan yapma becerim konusunda babamın bir arkadaşının yaptığı yorumu hatırlıyorum. Sapan, elle bir tahta parçasının dikkatlice oyulmasıyla yapılan bir araçtır ve Y şeklinde ki tahtanın çevresine sarılan bir lastikle taş atılmasını sağlar.

Eğer Matta 7:7-11 ayetlerini bir sapana benzetseydim, "dilemek" kuşun yakalanacağı sapanla taş olurdu. Bundan sonra ihtiyacınız olan ise, kuşu yakalamak için gereken beceriyle kendinizi donatmak olurdu. Eğer nasıl atış yapacağınızı bilmiyorsanız iyi bir sapanın ve bir taşın size ne faydası olabilir? Kendinize bir hedef inşa etmeyi isteyebilir, sapanın özelliklerine kendinizi alıştırır, hedef üzerinde talim yapar ve bir kuşu yakalamak için en iyi yolu saptar ve anlardınız. Bu süreç, "arama" ile aynıdır. Okuyarak, özümseyerek, Tanrı'nın sözünü gündelik ekmeğiniz yaparak ve şimdi artık Tanrı'nın birer çocuğu olarak O'nun yanıtlarını almak için gerekli vasıflarla kendinizi donatırsınız.

Eğer kendinizi sapanı kullanacak şekilde donatır ve iyi atışlar yaparsanız, artık gerçek atışlarda bulunabilirsiniz ki bu da "kapıyı çalmakla" eşdeğerdir. Sapanı ve taşı hazırlamış ve kendinizi atış yapacak becerilerle donatmış olsanız bile eğer atışı yapamazsanız, kuşu yakalayamazsınız. Diğer bir deyişle, ancak yüreğimizin ekmeği yaptığımız Tanrı'nın sözüne göre yaşadığımızda O'ndan dilediklerimizin karşılığını alırız.

Dilemek, aramak ve kapıyı çalmak birbirlerinden ayrı süreçler değil ama birbirinin içine geçmiş işlemlerdir. Artık ne dileyeceğinizi, ne arayacağınızı ve nerenin kapısını çalacağınızı biliyorsunuz. Gayretle ve dinmeden dileyerek, arayarak ve kapıyı çalarak yüreğinizin arzularının yanıtını Tanrı'nın kutsanmış bir çocuğu olarak alırken O'nu olabildiğince çok yüceltmeniz için Rab'bimizin adıyla dua ediyorum.

2. Bölüm

Duayla Dilediğiniz Her Şeyi Daha Şimdiden Almış Olduğunuza İnanın

Size doğrusunu söyleyeyim,
kim şu dağa, 'Kalk,
denize atıl!' der ve yüreğinde
kuşku duymadan dediğinin olacağına inanırsa,
dileği yerine gelecektir.
Bunun için size diyorum ki,
duayla dilediğiniz her şeyi daha şimdiden
almış olduğunuza inanın,
dileğiniz yerine gelecektir.

Markos 11:23-24

1. İmanın Büyük Gücü

Bir gün İsa'ya eşlik eden öğrencileri öğretmenlerinin meyvesiz incir ağacına şöyle dediğini duydular: *"Artık sonsuza dek sende meyve yetişmesin!"* (Matta 21:19) Köklerine kadar kuruyan incir ağacını gördüklerinde şaşkına dönüp İsa'ya bunun nasıl olduğunu sordular. İsa, onlara şu cevabı verdi: *"Size doğrusunu söyleyeyim, eğer imanınız olur da kuşku duymazsanız, yalnız incir ağacına olanı yapmakla kalmazsınız; şu dağa, 'Kalk, denize atıl' derseniz, dediğiniz olacaktır"* (Matta 21:21).

İsa bizlere şu vaatlerde bulunmuştur: *"Size doğrusunu söyleyeyim, benim yaptığım işleri, bana iman eden de yapacak; hatta daha büyüklerini yapacaktır. Çünkü ben Baba'ya gidiyorum. Baba Oğul'da yüceltilsin diye, benim adımla dilediğiniz her şeyi yapacağım. Benim adımla benden ne dilerseniz yapacağım"* (Yuhanna 14:12-14) ve *"Eğer bende kalırsanız ve sözlerim sizde kalırsa, ne isterseniz dileyin, size verilecektir. Babam çok meyve vermenizle yüceltilir. Böylelikle öğrencilerim olursunuz"* (Yuhanna 15:7-8).

Özetleyecek olursak, Yaratan Tanrı, İsa Mesih'i kabul edenlerin Babası olduğundan, onlar yüreklerinin arzusunu Tanrı'nın sözüne inandıkları ve itaat ettikleri zaman alırlar. Matta 17:20'de İsa bizlere şöyle der: *"Size doğrusunu söyleyeyim, bir hardal tanesi kadar imanınız olsa şu dağa,*

'Buradan şuraya göç' derseniz, göçer; sizin için imkânsız bir şey olmayacaktır." Öyleyse neden pek çok insan dua ile geçen sayısız saate rağmen Tanrı'dan yanıt almakta ve O'nu yüceltmekte başarısız olur? Dua ettiğimiz ve dilediğimiz her şeyi alırken Tanrı'yı nasıl yücelteceğimizi inceleyelim.

2. Her-Şeye-Gücü-Yeten Tanrı'ya İnanın

Bir insanın doğduğu andan itibaren hayatını sürdürebilmesi için gıda, giyecek, barınak ve bunun gibi gerekli şeylere ihtiyacı olur. Ancak hayatı sürdürmenin en önemli unsuru nefes almaktır. Nefes alabilmek yaşamın varlığını mümkün ve yaşamayı da değerli kılar. İsa Mesih'i kabul eden ve tekrar doğan Tanrı'nın çocukları, yaşamda pek çok şeye gereksinim duysalar da onların hayatlarında ki en temel şey duadır.

Dua, ruh olan Tanrı ile diyalog kanalı ve bizlerin ruhu içinde nefestir. Ayrıca dua, Tanrı'dan dilemek ve O'ndan yanıt almak olduğundan, duada ki en önemli şey, her şeye gücü yeten Tanrı'ya inanan yüreklerimizdir. Kişi, duasında Tanrı'ya olan inancının derecesine bağlı olarak Tanrı'nın yanıtlarının kesinliğini hissedecek ve imanına uygun olarak yanıtları alacaktır.

Öyleyse iman ettiğimiz bu Tanrı kimdir?

Tanrı, kendini tanıtırken Vahiy 1:8'de şöyle demiştir: *"Var olan, var olmuş ve gelecek olan, Her Şeye Gücü Yeten Rab*

Tanrı, Alfa ve Omega Ben'im." Eski Ahit'te karakterize edilen Tanrı, evrende ki her şeyin Yaratıcısıdır (Yaratılış 1:1-31) ve Kızıl Denizi ortadan ikiye ayırarak Mısır'dan ayrılan İsraillilerin karşıya geçmesini sağlamıştır (Mısır'dan Çıkış 14:21-29). İsrailliler Tanrı'nın buyruklarına itaat ettiklerinde ve yedi gün boyunca Eriha kentinin çevresinde dolanıp yüksek sesle bağırdıklarında, aşikar bir şekilde yıkılamaz görünen kentin surları çöktü (Yeşu 6:1-21). Yeşu, Amorlulara karşı yapılan savaşın tam ortasında Tanrı'ya dua ettiğinde, Tanrı, güneşi durdurdu ve ayı da yerinde kaldırdı (Yeşu 10:12-14).

Yeni Ahit'te her şeye gücü yeten Tanrı'nın Oğlu, ölüyü diriltti (Yuhanna 11:17-44), her türlü hastalığı ve rahatsızlığı iyileştirdi (Matta 4:23-24), körlerin gözünü açtı (Yuhanna 9:6-11) ve kötürüm bir adamın ayağa kalkıp tekrar yürümesini sağladı (Elçilerin İşleri 3:1-10). Hatta sözüyle düşman şeytanın güçlerini ve kötü ruhları bile kovdu (Markos 5:1-20), beş ekmek ve iki balıkla beş bin kişiyi doyurdu (Markos 6:34-44). Dahası, rüzgarı ve dalgaları sakinleştirerek evrende ki tüm şeylerin Yöneticisi olduğunu bize ilk elden gösterdi (Markos 4:35-39).

Bu sebeple, bol sevgisiyle bizlere güzel armağanlar veren Tanrı'ya inanmalıyız. İsa, Matta 7:9-11 ayetlerinde bize şöyle demiştir: *"Hanginiz kendisinden ekmek isteyen oğluna taş verir? Ya da balık isterse yılan verir? Sizler kötü yürekli olduğunuz halde çocuklarınıza güzel armağanlar vermeyi biliyorsanız, göklerdeki Babanız'ın, kendisinden dileyenlere güzel armağanlar vereceği çok daha kesin değil mi?"* Sevgi Tanrı'sı biz Çocuklarına en iyi armağanları vermeyi ister. Taşan sevgisiyle Tanrı bizlere tek ve yegâne Oğlu'nu verdi. Bize daha vermeyeceği ne olabilir? Yeşaya 53:5-6 bize şöyle der: *"Oysa, bizim isyanlarımız yüzünden onun bedeni deşildi, Bizim suçlarımız yüzünden o eziyet çekti. Esenliğimiz için gerekli olan ceza Ona verildi. Bizler onun yaralarıyla şifa bulduk. Hepimiz koyun gibi yoldan sapmıştık, Her birimiz kendi yoluna döndü. Yine de RAB hepimizin cezasını ona yükledi."* Tanrı'nın bizler için hazırladığı İsa Mesih yoluyla ölümden yaşama kavuştuk. Böylece huzurun tadına varabilir ve şifa bulabiliriz.

Eğer Tanrı'nın çocukları babaları olarak her şeye gücü yeten ve yaşayan Tanrı'ya hizmet ediyor, O'nun Kendisini sevenlerin iyiliği için çalıştığına ve Kendisine yakaranlara yanıt vereceğine inanıyorlarsa, günaha teşvik edildikleri ve sıkıntılı oldukları zamanlarda ne endişe duymalı ne de kaygılanmalıdırlar ama aksine şükranlarını sunmalı, sevinç içinde olmalı ve dua etmelidirler.

Bu, "Tanrı'ya inanmaktır" ve bir kişinin imanını böyle göstermesini görmekten Tanrı memnun kalır. Tanrı ayrıca imanlarımıza göre bize yanıt verir ve bizlere varoluşunun kanıtını göstererek O'nu yüceltmemizi sağlar.

3. İmanla Dileyin ve Kuşku Duymayın

Göğün, yerin ve insanın Yaratıcısı Tanrı, insanoğlunun Kutsal Kitap'ı yazmasına izin verdi ki İsteği ve takdiri ilahisi herkes tarafından bilinsin. Tanrı ayrıca her daim Kendi Sözüne inanan ve itaat edenlere Kendisini göstermiş ve mucizevî belirti ve harikalarla, Yaşayan ve her şeye gücü yeten Tanrı olduğunu bizlere kanıtlamıştır.

Sadece yaratılışa bakarak Yaşayan Tanrı'ya inanabilir (Romalılar 1:20) ve O'na olan imanımızın eşlik ettiği dualarla Tanrı'dan yanıt alarak O'nu yüceltebiliriz.

Kendi bilgilerimiz ve düşüncelerimizin Tanrı Sözü ile uyuşan kısmını aldığımız "benliğin imanı" ile Tanrı'dan yanıtlar alabileceğimiz man olan "ruhani iman" vardır. Tanrı'nın Sözü, insanın bilgi ve düşüncesiyle ölçüldüğünde bizlere mantıksız gelirken, imanla Tanrı'dan dilediğimiz takdirde, Tanrı bizlere hem iman hem de kesinlik duygusu verir. Bu unsurlar bir yanıt olarak kristalleşir ve bu da ruhani imandır.

Bu yüzden Yakup 1:6-8 bize şöyle der: *"Yalnız hiç kuşku duymadan, imanla istesin. Çünkü kuşku duyan kişi rüzgârın sürükleyip savurduğu deniz dalgasına benzer. Her bakımdan değişken, kararsız olan kişi Rab'den bir şey alacağını ummasın."*

Kuşkunun kökeni, insanın bilgisi, düşüncesi, gerekçeleri ve

iddialarından gelir ve bizlere düşman şeytan tarafından getirilir. Kuşkulu bir yürek, kararsız ve hilekârdır ve Tanrı en çok bundan tiksinir. Çocuklarınızın sizin onların gerçek anne ya da babaları olduğunuza inanmayıp kuşku duymaları nasıl da trajik olurdu? Aynı şekilde Tanrı, insanları yaratmış ve beslemiş olmasına rağmen onların babaları olduğunu inanmayan Çocuklarının dualarına nasıl karşılık verebilir?

Böylece bizler, *"Çünkü benliğe dayanan düşünce Tanrı'ya düşmandır; Tanrı'nın Yasası'na boyun eğmez, eğemez de... Benliğin denetiminde olanlar Tanrı'yı hoşnut edemezler"* (Romalılar 8:7-8) diye hatırlatılır ve *"Safsataları, Tanrı bilgisine karşı diklenen her engeli yıkıyor, her düşünceyi tutsak edip Mesih'e bağımlı kılıyoruz"* (2. Korintliler 10:5) diye uyarılırız.

İmanlarımız ruhani imana dönüştüğünde ve tek bir kuşku içimizde barındırmadığımızda, Tanrı tamamen hoşnut olur ve dilediğimiz her şeyi bize verecektir. Ne Musa ne de Yeşu kuşku duymayıp sadece imanla hareket ettiklerinde Kızıl Deniz'i ikiye ayırabildiler, Şeria Irmağından karşıya geçebildiler ve Eriha'nın surlarını yıkabildiler. Aynı şekilde bir dağa, "Sökül ve denize atıl" dediğinizde, yüreğinizde hiç kuşku duymadığınızda ve söylediklerinizin gerçekleşeceğine inandığınızda, bu sizin için gerçekleşecektir.

Farz edin ki Everest Dağına, "Git kendini Hint Okyanusuna at!" dediniz. Duanızın karşılığını alır mıydınız? Eğer Everest

Dağı Hint Okyanusuna gerçekten atılmış olsaydı bunu küresel bir kaosun izleyeceği aşikârdır. Bu, Tanrı'nın isteği olamayacağından, ne kadar çok dua ederseniz edin size Kendisine inanmanızı sağlayan ruhani imanı vermeyecektir. Eğer Tanrı'nın isteğine karşı olan bir şeyi gerçekleştirmek istiyorsanız, yüreğinizle inanmanızı sağlayacak iman size verilmez. Önceleri duanızın yanıt bulacağınıza inanabilirsiniz ama zaman geçtikçe kuşkularınız büyümeye başlar. Ancak azıcık dahi olsa kuşku duymadan Tanrı'nın isteğine uygun dua ettiğimiz ve dilediğimizde yanıt alırız. Bu sebeple duanız yanıtlanmıyorsa, dilediğinizin Tanrı'nın istediğine karşı olduğunu veya kuşku duyma hatasına düştüğünüzü ya da O'nun sözünden kuşku duyduğunuzu kavramış olmalısınız.

1. Yuhanna 3:21-22 bize şunu hatırlatır: *"Sevgili kardeşlerim, yüreğimiz bizi suçlamazsa, Tanrı'nın önünde cesaretimiz olur, O'ndan ne dilersek alırız. Çünkü O'nun buyruklarını yerine getiriyor, O'nu hoşnut eden şeyleri yapıyoruz."*

Tanrı'nın buyruklarına itaat eden ve O'nu hoşnut eden şeyleri yapan insanlar, Tanrı'nın isteğine ters düşecek şeyler dilemezler. Dualarımız Tanrı'nın isteğine uygun olduğu sürece dilediğimiz her şeye yanıt alabiliriz. Tanrı bize şöyle der: *"duayla dilediğiniz her şeyi daha şimdiden almış olduğunuza inanın, dileğiniz yerine gelecektir"* (Markos 11:24).

Bu sebeple, Tanrı'dan karşılık almak için önce Tanrı'dan O'nun Sözüne göre davrandığınız ve yaşadığınız zaman size vereceği ruhani imanı almalısınız. Tanrı'nın bilgisine karşı olan tüm gerekçeler ve kurguları yıktıkça, kuşkular kaybolur ve dilediklerinizin yanıtını alabileceğiniz ruhani imana sahip olursunuz.

4. Duayla dilediğiniz her şeyi daha şimdiden almış olduğunuza inanın

Çölde Sayım 23:19 bize şunu hatırlatır: *"Tanrı insan değil ki, Yalan söylesin; İnsan soyundan değil ki, Düşüncesini değiştirsin. O söyler de yapmaz mı? Söz verir de yerine getirmez mi?"*

Eğer gerçekten Tanrı'ya inanıyor ve azıcık dahi kuşku duymuyorsanız, duayla dilediğiniz her şeyi daha şimdiden almış olduğunuza inanmalısınız. Tanrı, her şeye gücü yeten ve sadıktır ve bizlere yanıt vereceğini vaat eder.

Öyleyse neden pek çok kişi imanla dua etmiş olmalarına rağmen Tanrı'dan yanıt almadıklarını söylerler? Bunun nedeni Tanrı'nın onları yanıtlamaması mıdır? Hayır. Tanrı kesinlikle onların dualarını yanıtlamıştır ama bu zaman almaktadır çünkü henüz kendilerini O'nun yanıtlarını almaya değer kaplar olarak hazırlamamışlardır.

Çiftçi ekinlerini ektiğinde, ürünlerinin hasadını alacağına

inanır ama bu hemen gerçekleşmez. Ekinler ekildikten sonra tomurcuklanır, çiçek ve meyve verirler. Bazı tohumların ürün vermesi diğerlerinden daha uzun sürer. Tıpkı bunun gibi Tanrı'nın yanıtlarını alma süreci, ekim ve bakım işlemlerini gerektirir.

Farz edin ki bir öğrenci, "Harvard Üniversitesine girip okumamı sağla" diye dua etmiş olsun. Eğer Tanrı'nın gücünün olduğu bir imanla dua etmiş ise, Tanrı kesinlikle bu öğrencinin duasının karşılığını verir. Ancak duasının karşılığını hemen almayabilir. Tanrı, öğrenciyi Kendisinin yanıtlarını alacağı uygun bir kap olarak büyümesi için hazırlar ve daha ileride ki bir zaman duasının karşılığını verir. Tanrı, bu öğrenciye gayretle ve çok çalışacağı yüreği verecektir ki okulda başarılı olsun. Öğrenci dua ettikçe Tanrı onun zihnin dünyevi düşünceleri çıkarır, daha etkin çalışabilmesini sağlayan bilgeliği ona verir ve aydınlatır. Öğrencinin eylemlerine göre Tanrı, onun yaşamında ki her şeyin lehine gitmesi için çalışır ve öğrenciyi Harvard'a girmesini sağlayacak yetkinliklerle donatır. Zamanı geldiğinde ise öğrencinin Harvard'a girmesini sağlar.

Aynı kural, hastalığın vurduğu insanlar içinde geçerlidir. Hastalıkların niçin geldiğini ve nasıl şifa bulacaklarını Tanrı'nın sözüyle öğrendikçe imanla ettikleri dualarla şifa bulurlar. Tanrı ile kendi aralarında ki günah duvarını keşfetmeli ve hastalıklarının kaynağını bulmalılardır. Eğer hastalığın geliş sebebi nefret ise, nefreti içlerinden söküp atarak yüreklerini sevginin yüreğine dönüştürmelidirler. Eğer hastalıkları fazla yemek yemenin sonucuysa, Tanrı'dan kendilerini kontrol edebilme gücünü almalı ve zarar verici alışkanlıklarını düzeltmelidirler. Ancak bu tür süreçlerle Tanrı insanlara inanabilecekleri imanı verir ve Kendisinden yanıt almalarını sağlayan uygun kaplar olarak onları hazırlar.

Bir kişinin işinin refahı için dua etmesi, yukarıda ki durumlardan farklı değildir. İşinizin bereketi için dua ediyorsanız, Tanrı önce sizi bu berekete değer kaplar olmanız için teste tabi tutacaktır. Size bilgeliği ve gücü verecektir ki işinizi yürütme yeteneğiniz mükemmel olsun ve böylelikle işiniz genişleyerek büyüsün ve işinizi yürütmek için mükemmel bir hale taşınasınız. Sizi güvenilir insanlara doğru itecek, giderek gelirinizi arttıracak ve işinizi geliştirecektir. Seçtiği vakit geldiğinde ise, duanızın karşılığını verecektir.

Bu ekme ve bakım süreçleri yoluyla Tanrı canınızın gönenç içinde olmasını sağlayacak ve sizleri Kendisinden dilediğiniz her şeyi almaya değerli uygun kaplar yapmak için teste tabi tutacaktır. Bu sebeple asla kendi düşüncenize dayanarak sabırsız olmamalısınız. Aksine, Tanrı'dan dilediklerinizi almış olduğunuza inanarak, kendinizi Tanrı'nın saatine göre ayarlamalı ve O'nun vaktini beklemelisiniz.

Her şeye gücü yeten Tanrı, ruhani dünyanın yasalarına göre Kendi adaletiyle Çocuklarının dualarına yanıt verir ve imanla kendisinden dilendiğinde hoşnut olur. İbraniler 11:6 bize şunu hatırlatır: *"İman olmadan Tanrı'yı hoşnut etmek olanaksızdır. Tanrı'ya yaklaşan, O'nun var olduğuna ve kendisini arayanları ödüllendireceğine iman etmelidir."*

Duayla dilediğiniz her şeyi daha şimdiden almış olduğunuza inanacağınız imana sahip olmanız ve dilediğiniz her şeyin karşılığını alarak Tanrı'yı yüceltmeniz için Rab'bimizin adıyla dua ediyorum.

3. Bölüm

Tanrı'nın Hoşnut Olduğu Dua

İsa dışarı çıktı,
her zamanki gibi Zeytin Dağı'na gitti.
Öğrenciler de O'nun ardından gittiler.
Oraya varınca İsa onlara,
"Dua edin ki ayartılmayasınız" dedi.
Gökten bir melek İsa'ya görünerek O'nu güçlendirdi.
Derin bir acı içinde olan İsa daha hararetle dua etti.
Teri, toprağa düşen kan damlalarını andırıyordu.

Luka 22:39-44

1. İsa, Uygun Duanın Örneğini Sundu

Luka 22:39-44 ayetleri, İsa'nın tüm insanlığa kurtuluş yolunu açacağı çarmıhını taşımadan önce ki gece Getsemani denilen yerde dua edişini betimler. Bu ayetler bizlere dua ettiğimiz zaman sahip olmamız gereken tutum ve yürekle ilgili pek çok şey söyler.

İsa, sadece ağır çarmıhını taşımasını değil ama ayrıca şeytan düşmanın da üstesinden gelmesini sağlayan nasıl bir dua etti? Dua ettiğinden İsa nasıl bir yüreğe sahipti ki Tanrı O'nun duasından hoşnut oldu ve O'nu güçlendirmek için göklerden bir melek gönderdi?

Bu ayetlere bakarak şimdi dua esnasında ki uygun tutumu ve Tanrı'nın hoşnut olduğu duayı inceleyelim. Her birinizi dua hayatınızı incelemeye davet ediyorum.

1) İsa için Dua Alışkanlıktı

Tanrı bizlere hiç durmadan dua etmemizi söyledi (1. Selanikliler 5:17) ve O'ndan ne dilersek bize vereceğini vaat etti (Matta 7:7). Sürekli dua etmek ve dilemek doğru bir şey iken, insanların pek çoğu bir şeyi istediklerinde veya sorunlar yaşadıklarında sadece dua ederler.

Ancak İsa dışarı çıktı, her zamanki gibi Zeytin Dağı'na gitti çünkü Zeytin Dağı'na gitmek bir alışkanlığıydı (Luka 22:39). Peygamber Daniel, daha öncede yaptığı gibi her gün üç kez diz çöküp dua etti, Tanrısı'na övgüler sundu (Daniel 6:10) ve İsa'nın öğrencileri Petrus ile Yuhanna belli bir vakti duaya ayırdılar (Elçilerin İşleri 3:1).

Bizlerde İsa'nın örneğini izleyerek belli bir vakti dua için ayırarak hiç durmadan her gün dua etmeyi bir alışkanlık haline getirmeliyiz. Tanrı özellikle her günün başlangıcında her şeyin Tanrı'ya teslim edildiği şafak vakti dualardan ve Tanrı'nın gün içersinde korumasına karşılık gece yapılan şükran dualarından hoşnuttur. Bu dualarla O'nun büyük gücünü alabilirsiniz.

2) İsa, Dua Etmek İçin Dizlerinin Üzerine Çöktü

Dizlerinizin üzerine çöktüğünüzde, dua ettiğiniz yüreğiniz dik durur ve konuştuğunuz kişilere böylece saygı göstermiş olursunuz. Bir kişinin dua ederken dizlerinin üzerine çömelmesi doğal bir durumdur.

Tanrı'nın oğlu İsa, her şeye güce yeten Tanrı'ya dua ederken alçakgönüllü bir duruşla dizlerinin üzerine çökerek dua etti. Kral Süleyman (1. Krallar 8:54), elçi Pavlus (Elçilerin İşleri 20:36) ve bir şehit olarak ölen Diyakoz İstefanos (Elçilerin İşleri 7:60) dua ettiklerinde dizlerinin üzerine çöktüler.

Anne-babalarımızdan ya da yetkisi olan birinden arzu ettiğimiz bir şeyi ya da bir iyilikte bulunmalarını istediğimizde, heyecanlanır ve hata yapmamak için çok dikkatli oluruz. Yaratıcı Tanrı'ya konuştuğumuzu biliyorken nasıl olurda aklen ve bedenen derbeder görünebiliriz? Dizlerinizin üzerine çökmeniz,

Tanrı'ya korkuyla karışık saygı duyan ve O'nun gücüne güvenen yüreğinizin bir göstergesidir. Kendimize çeki düzen vermeli ve dua ettiğimizde alçakgönüllülükle dizlerimizin üzerine çökmeliyiz.

3) İsa'nın duaları Tanrı'nın isteğine uygundu

İsa, Tanrı'ya şöyle dua etti: *"Yine de benim değil, senin istediğin olsun"* (Luka 22:42). Tanrı'nın Oğlu İsa, günahsız ve lekesiz olmasına rağmen bir tahta çarmıhta ölmek için yeryüzüne geldi. Bu yüzden şöyle dua etti: *"Baba, senin isteğine uygunsa, bu kâseyi benden uzaklaştır."* Ancak tek bir kişinin aracılığıyla tüm insanlığı kurtaracak Tanrı'nın isteğini biliyordu ve kendi iyiliği için değil ama Tanrı'nın isteğine uygun dua etti.

1. Korintliler 10:31 bize şöyle der: *"Sonuç olarak, ne yer ne içerseniz, ne yaparsanız, her şeyi Tanrı'nın yüceliği için yapın."* Eğer Tanrı'nın görkemi için değil ama şehvani arzularımız için bir şey dilersek uygun isteklerde bulunmuyoruzdur. Sadece Tanrı'nın isteğine göre dua etmeliyiz. Dahası Tanrı bizlere Yakup 4:2-3 ayetlerinde bulacağımız şeyleri aklımızda tutmamızı söyler: *"Bir şey arzu ediyor, elde edemeyince adam öldürüyorsunuz. Kıskanıyorsunuz, isteğinize erişemeyince çekişip kavga ediyorsunuz. Elde edemiyorsunuz, çünkü Tanrı'dan dilemiyorsunuz. Dilediğiniz zaman da dileğinize kavuşamıyorsunuz. Çünkü kötü amaçla, tutkularınız uğruna kullanmak için diliyorsunuz."* Dolayısıyla kendi

iyiliğimiz için dua edip etmediğimizi görmeye ve geriye dönüp bakmaya ihtiyacımız var.

4) İsa, dualarında güreşti

Luka 22:44'de İsa'nın nasıl içten dua ettiğini bulabiliriz: *"Derin bir acı içinde olan İsa daha hararetle dua etti. Teri, toprağa düşen kan damlalarını andırıyordu."* İsa'nın dua ettiği Getsemani'nin iklimi geceleri soğuk olduğundan terlemek pek mümkün değildi. Şimdi, İsa'nın toprağa düşen terinin kan damlalarına andırdığı o içten ve samimi duasıyla kendini ne kadar zorlamış olduğunu kafanızda canlandırabiliyor musunuz? Eğer İsa sessizlik içinde dua etseydi terleyecek kadar içten dua etmiş olur muydu? İsa Tanrı'ya tutkuyla ve içtenlikle dua ettikçe, teri "toprağa düşen kandamlalarına andırdı."

Yaratılış 3:17 ayetinde Tanrı, Âdem ile ilgili şöyle der: *"Karının sözünü dinlediğin ve sana, Meyvesini yeme dediğim ağaçtan yediğin için Toprak senin yüzünden lanetlendi. Yaşam boyu emek vermeden yiyecek bulamayacaksın."* İnsan lanetlenmeden önce Tanrı'nın kendisi için her şeyi sağladığı bolluk içinde yaşadı. Tanrı'ya olan itaatsizliği yüzünden günaha girdiğinde Yaratan'ıyla olan iletişimi sona erdi ve ancak çileli bir alın teriyle yiyeceğini çıkarabildi.

Eğer bizim için mümkün olan şeyler çileli alın teriyle

başarılıyorsa, yapamayacağımız bir şeyi Tanrı'dan dilerken ne yapmalıyız? Lütfen unutmayın ki ancak çileli bir alın teri ve ter ile Tanrı'ya yakararak dua ettiğimizde Tanrı'dan istediklerimizin karşılığını alırız. Dahası Tanrı'nın bizlere ürün alabilmek için çileli bir alın teri ve çabanın gerekli olduğunu söylediğini ve İsa'nın bizzat Kendisinin dualarında içtenlikle alın teri döküp güreş tuttuğunu aklınızda tutun. Tüm bunları akıllarınızda tutun, İsa'nın yaptığının aynını yapın ve Tanrı'nın hoşnut olduğu şekilde dua edin.

Böylece uygun dua etmenin örneğini sunan İsa'yı buraya kadar incelemiş olduk. Eğer tüm yetkiye sahip İsa bir örnek teşkil edecek ölçüde dua ettiyse biz Tanrı'nın basit yaratıkları nasıl bir tutum içinde dua etmeliyiz? Bir kişinin dua esnasında ki dış görünüşü ve duruşu yüreğini ifade eder. Bu sebeple dua ettiğimiz yüreğimiz, duruşumuz kadar önemlidir.

2. Tanrı'nın hoşnut olduğu duanın özellikleri

Nasıl bir yürekle dua etmeliyiz ki, Tanrı hoşnut kalsın ve dualarımızın karşılığını versin?

1) Tüm yüreğinizle dua etmelisiniz

Bir kişinin yüreğinden gelen duanın, Tanrı'ya ettiği duanın duruşundan geldiğini İsa'nın duası sayesinde öğrendik. Bir kişinin duruşundan nasıl bir yürekle dua ettiğini söyleyebiliriz.

Yaratılış 32'de ki Yakup'un duasına göz atalım. Önünde Yabbuk Irmağı olduğundan Yakup kendini zor bir durumda buldu. Geri dönemezdi çünkü Lavan'la Galet adını verdikleri taş yığınından anıtı geçmeyeceğine dair anlaşma yapmışlardı. Yabbuk ırmağını da geçemiyordu çünkü erkek kardeşi Esav kendisini yakalamak için ırmağın karşı kıyısında 400 adamı ile bekliyordu. İşte böyle çaresiz olduğu bir zaman Yakup'un sırtını dayadığı gururu ve egosu tamamen yok edildi. Yakup, her şeyini Tanrı'nın eline teslim ettiği ve O'nun yüreğine tesir ettiği takdirde tüm sorunlarının çözüleceğini sonunda kavradı. Kalça kemiğinin kırılması noktasında duada güreş tutunca Tanrı'dan sonunda yanıt alabildi. Yakup, Tanrı'nın yüreğine tesir edebilmiş ve kendisiyle uğraşmak için bekleyen erkek kardeşiyle böylece uzlaşabilmişti.

İlyas peygamberin Tanrı'nın "ateşten yanıtını" aldığı ve O'nu fazlasıyla yücelttiği 1. Krallar 18 ayetine dikkatlice bakalım. Kral Ahav'ın saltanatlığı döneminde putperestlik dal budak saldığında, İlyas bir başına 450 Baal peygamberiyle mücadele etti, İsraillilerin önüne Tanrı'nın yanıtını getirerek Baal peygamberlerini yenilgiye uğrattı ve yaşayan Tanrı'ya tanıklık etmelerini sağladı.

Ahav'ın, İsrail üzerine gelen üç buçuk yıllık kuraklığın sebebi olarak İlyas'ı gördüğü zamanlardı ve peygamberi arıyordu.

Ancak Tanrı, İlyas'a Ahav'ın huzuruna çıkmasını buyurduğunda peygamber hemen bu buyruğa uydu. Peygamber İlyas, kendisini öldürtmek için arayan kralın huzuruna çıktığında, Tanrı'nın kendisi aracılığıyla ne söylediğini cesurca dile getirdi ve içinde azıcık kuşku bile barındırmayan imanla dolu duayla her şeyi tersine çevirdi. Putlara tapan insanlar Tanrı'ya döndükçe tövbe ettiler. Dahası, İlyas yere kapanıp başını dizlerini arasına alıp içtenlikle dua ederek Tanrı'nın işlerini yeryüzüne indirdi ve üç buçuk yıl boyunca ülkeyi etkileyen kuraklığa son verdi (1. Krallar 18:42).

Tanrı'mız Hezekiel 36:36-37 ayetlerinde bize şunu hatırlatır: *"'Bunu ben RAB söylüyorum ve dediğimi yapacağım.' Egemen RAB şöyle diyor: 'İsrail halkının benden yine yardım dilemesini sağlayacağım.'"* Yani, Tanrı, İsrail'e yağacak şiddetli bir yağmurun sözünü İlyas'a vermiş olsa da, İlyas'ın yürekten gelen içten duası olmasaydı şiddetli yağmurlar yağmayacaktı. Yüreklerimizden gelen dua, bizleri tez yanıtlayan ve Kendisini yüceltmemizi sağlayan Tanrı'yı gerçekten etkiler ve duygulandırır.

2) Dualarınızda Tanrı'ya yakarmalısınız

Tanrı, Kendisini çağırdığımızda, O'na dua ettiğimizde ve O'nu tüm yüreğimizle aradığımızda bizleri dinleyeceğini ve bizlerle buluşacağını vaat eder (Yeremya 29:12-13; Mezmurlar 8:17). Yeremya 33:3'de Tanrı bize ayrıca şu vaatte bulunur:

"Bana yakar da seni yanıtlayayım; bilmediğin büyük, akıl almaz şeyleri sana bildireyim." Tanrı'nın bizlere yakararak dua etmemizi söylemesinin nedeni, sesli duayla tüm yüreğimizle dua edebilmemizdir. Yani, yakararak dua ettiğimizde dünyevi düşüncelerden, yorgunluk ve uyuşukluktan kopacak ve bize ait düşünceler zihnimizde kendilerine hiçbir yer bulamayacaktır.

Ancak bu gün pek çok kilise, mabet alanlarında sessiz olmanın "tanrısal" ve "kutsal" olduğuna inanır ve bunu cemaatlerine öğretirler. Bazı kardeşler sesli olarak Tanrı'ya yakardıklarında, cemaatin diğer üyeleri onların uygunsuz olduğunu düşünmekte hızlı davranır ve hatta onları sapkınlıkla suçlarlar. Ancak bunun nedeni Tanrı'nın Sözü ve isteğini bilmemelerinden kaynaklanmaktadır.

Tanrı'nın gücünün ve dirilişin büyükçe sergilenişlerine tanık olan erken kiliseler, tek bir uyumlu sesle Tanrı'ya seslenirken Kutsal Ruh ile dopdolu olduklarından Tanrı'yı hoşnut edebildiler (Elçilerin İşleri 4:24). Yüksek sesle Tanrı'ya yakardıklarında, Tanrı'nın isteğini izleyip O'na göre yaşadıklarında hatta bu gün bile nasıl sayısız mucizevî belirti ve harikaların ortaya konduğunu, kiliselerde nasıl büyük bir dirilişin tecrübe edindiğini görebiliriz.

"Tanrı'ya yakarma", yüksek bir ses ve içten bir duayla Tanrı'ya dua etmek anlamına gelir. Böyle bir duayla Mesih'te ki erkek ve kız kardeşler Kutsal Ruh ile dolabilir ve düşman şeytanın araya giren güçleri uzaklaştırılmış olduğundan dualarının karşılığını ve ruhani armağanlar alabilirler.

Kutsal Kitap, İsa ve pek çok imanın atasının yüksek sesle Tanrı'ya yakarışının ve O'nun yanıtlarını aldığının örnekleriyle doludur.

Eski Ahit'ten birkaç örnek inceleyelim.

Mısır'dan Çıkış 15:22-25 ayetlerinde İsraillilerin Mısır'ı terk ederken Musa'nın imanıyla ikiye ayrılan Kızıl Deniz'i güvenli bir şekilde geçtikleri betimlenir. İsraillilerin imanı küçük olduğundan Şur çölünü geçerken içecek hiçbir şey bulamadıklarından Musa'ya homurdandılar. Musa Tanrı'ya "yakardığında", Mara'nın acı suyu tatlı suya dönüştü.

Çölde Sayım 12 ayetinde ise, Musa'nın kız kardeşi Miryam'ın Musa'ya karşı yakınmasından sonra deri hastalığına tutulduğu bir sahne vardır. Musa, Tanrı'ya, *"Ey Tanrı, lütfen Miryam'ı iyileştir!"* diye yakardığında, Tanrı, Miryam'ı deri hastalığından iyileştirir.

1. Samuel 7:9 ayetinde şunu okuruz: *"Samuel bir süt kuzusu alıp RAB'be tümüyle yakmalık sunu olarak sundu ve İsrailliler adına RAB'be yakardı. RAB de ona karşılık verdi."*

1. Krallar 17 ayetinde Tanrı'nın hizmetlisi İlyas'a misafirperverlik gösteren Sarefatlı dul kadının hikâyesi yazılıdır. Oğlu hastalanıp öldüğünde, İlyas Tanrı'ya seslenmiş ve şöyle demiştir: *"Ya RAB Tanrım, bu çocuğa yeniden can ver."* Tanrı, İlyas'ın sesini duymuş ve çocuk dirilip yeniden yaşama dönmüştür (1. Krallar 17:21-22). Tanrı'nın İlyas'ın yakarışını

duymasıyla peygamberin duasını yanıtladığını buluruz.

Tanrı'ya itaatsizliği yüzünden büyük bir balık tarafından yutulan ve o balığın içinde tutsak kalan Yunus'ta duayla Tanrı'ya yakararak kurtuluşa ermiştir. Yunus 2:2 ayetinde şöyle dua ettiğini görürüz: *"Ya RAB, sıkıntı içinde sana yakardım, Yanıtladın beni. Yardım istedim ölüler diyarının bağrından, Kulak verdin sesime."* Tanrı, onun yakarışını duymuş ve onu kurtarmıştır. Tıpkı Yunus gibi ne kadar korkunç ve sıkıntı verici bir durum içinde kendimizi bulursak bulalım, Tanrı'nın gözleri önünde hatalarımızdan tövbe eder ve O'na yakarırsak, Tanrı, bize yüreğimizin arzularını verir, bizi yanıtlar ve sorunlarımızı çözer.

Yeni Ahit, insanların Tanrı'ya yakardıkları sahnelerle doludur.

Yuhanna 11:43-44 ayetinde İsa'yı yüksek bir sesle, *"Lazar, dışarı çık!,"* derken buluruz ve ölü, elleri ayakları sargılarla bağlı, yüzü peşkirle sarılmış olarak dışarı çıkar. İsa'nın yüksek sesle seslenmiş ya da ona fısıldamış olmasının ölü Lazar için bir farkı olmayacaktı. Ama İsa, Tanrı'ya yüksek bir sesle seslendi. İsa, Tanrı'nın isteğine uygun duasıyla dört günden beri ölü olarak mezarlıkta yatan Lazar'ı yaşama döndürdü ve Tanrı'nın görkemini ifşa etti.

Markos 10:46-52 ayetleri bizlere kör Bartimay'ın şifa

bulmasını anlatır:

> *"Sonra Eriha'ya geldiler. İsa, öğrencileri ve büyük bir kalabalıkla birlikte Eriha'dan ayrılırken, Timay oğlu Bartimay adında kör bir dilenci yol kenarında oturuyordu Nasıralı İsa'nın orada olduğunu duyunca, "Ey Davut Oğlu İsa, halime acı!" diye bağırmaya başladı. Birçok kimse onu azarlayarak susturmak istediyse de o, "Ey Davut Oğlu, halime acı!" diyerek daha çok bağırdı. İsa durdu, "Çağırın onu" dedi. Kör adama seslenerek, "Ne mutlu sana! Kalk, seni çağırıyor!" dediler. Adam abasını üstünden atarak ayağa fırladı ve İsa'nın yanına geldi. İsa, "Senin için ne yapmamı istiyorsun?" diye sordu. Kör adam, "Rabbuni, gözlerim görsün" dedi. İsa, "Gidebilirsin, imanın seni kurtardı" dedi. Adam o anda yeniden görmeye başladı ve yol boyunca İsa'nın ardından gitti."*

Elçilerin İşleri 7:59-60 ayetlerinde Diyakoz İstefanos bir şehit olarak ölmek üzere taşlanırken, Rab'be şöyle seslendi: *"Rab İsa, ruhumu al!"* Ve sonra dizlerinin üzerine düşerek yüksek bir sesle şöyle yakardı: *"Ya Rab, bu günahı onlara yükleme!"*

Elçilerin İşleri 4:23-24; 31 ayetlerinde şöyle yazar: *"Serbest bırakılan Petrus'la Yuhanna, arkadaşlarının yanına dönerek başkâhinlerle ileri gelenlerin kendilerine söylediği her şeyi bildirdiler. Arkadaşları bunu duyunca hep birlikte Tanrı'ya şöyle seslendiler: Ey Efendimiz! Yeri göğü, denizi ve onların içindekilerin tümünü yaratan sensin; Duaları bitince toplandıkları yer sarsıldı. Hepsi Kutsal Ruh'la doldular ve Tanrı'nın sözünü cesaretle duyurmaya devam ettiler."*

Tanrı'ya yakardığınızda, İsa Mesih'in gerçek bir tanığı olabilir ve Kutsal Ruh'un gücünü ortaya koyabilirsiniz.

Hatta Tanrı bizlere oruç tutarken bile yakarmamızı söylemiştir. Eğer yorgunluk yüzünden oruç vaktinin çoğunu uyuyarak geçiriyorsak, Tanrı'dan hiçbir yanıt alamayız. Tanrı, Yeşaya 58:9'da şu vaatte bulunur: *"O zaman yardım çağrılarınızı RAB yanıtlayacak, Feryat ettiğinizde, 'İşte buradayım diyecek.'"* O'nun vaadine göre oruç tutup yakarırsak, yukarıdan lütuf ve güç bize indirilecek ve galip gelerek Tanrı'nın yanıtlarını alacağız.

"Israrcı dul benzetmesinde" İsa, belagatle şu soruyu sordu: *"Tanrı da, gece gündüz kendisine yakaran seçilmişlerinin hakkını almayacak mı? Onları çok bekletecek mi"* Ve bizlere dua esnasında yakarmamızı söyledi (Luka 18:7).

Bu sebeple İsa, Matta 5:18'de bize şöyle der: *"Size doğrusunu söyleyeyim, yer ve gök ortadan kalkmadan, her şey gerçekleşmeden, Kutsal Yasa'dan ufacık bir harf ya da bir nokta bile yok olmayacak,"* Oysa Tanrı'nın çocukları dua ettiğinde, onlar için dua esnasında yakarmak doğaldır. Bu, Tanrı'nın bir buyruğudur. O'nun yasası, alın terimizin ürününü yememizi dikte eder. Tanrı'nın yanıtlarını O'na yakardığımızda alırız.

Bazı insanlar, iddialarını Matta 6:6-8 ayetlerine dayandırarak şöyle sorabilirler: *"Bizler sormadan önce neye ihtiyacımız olduğunu zaten bilen Tanrı'ya yakarmak zorunda mıyız?"* veya "İsa'nın kendisi kapıları örtüp gizlice odanızda dua edin derken niçin yakarmalıyız? Buna rağmen Kutsal Kitap'ın hiçbir yerinde insanların odalarının mahremiyetinde gizlice dua etmelerini öngören ayetler bulamazsınız.

Matta 6:6-8 ayetinin gerçek anlamı, bizlere tüm yüreğimizle dua etmeyi öğütlemesidir. Odanıza girin ve kapıyı örtün. Kapıların örtüldüğü özel ve sessiz bir odadaysanız, dış etkenlerle ilişkiniz kesilmiş olmaz mıydı? Nasıl kapıları örttüğümüz odalarımızda tüm dış etkenlerden uzaklaşmışsak, Matta 6:6-8 ayetlerinde de İsa bizlere tüm düşüncelerimizden, endişe ve kaygılarımızdan uzaklaşmamızı ve tüm yüreğimizle dua etmemizi söylemektedir.

İlaveten, İsa, başkaları tarafından övülmek ve kendilerini göstermek için Kendi zamanında yüksek sesle dua eden Ferisililerin ve kâhinlerin duasını, Tanrı'nın dinlemediğini insanların anlamasını sağlamak için bunu bir ders mahiyetinde söylemiştir. Dualarımızın niceliğiyle kibre düşmemeliyiz. Aksine tüm yüreğimizle, yüreklerimizi ve zihinlerimizi arayan Tanrı'ya, tüm ihtiyaç ve isteklerimizi bilen Her Şeye Gücü Yetene ve bizim "Her şeyimiz" olan Bir'e dualarımızla güreş tutmalıyız. Sessiz bir duayla tüm yüreğimizle dua etmek zordur. Gece vakti gözlerinizi kapayarak meditasyon yapmayı deneyin. Kısa zamanda dua etmek yerine, yorgunluk ve dünyevi düşüncelerle mücadele ederken bulursunuz kendinizi. Uykuya düşmemek için karşı koymaktan bitap düştüğünüzde, farkında bile olmadan uykuya çoktan dalmışsınızdır.

Sessiz bir odada dua etmek yerine, *"O günlerde İsa, dua etmek için dağa çıktı ve bütün geceyi Tanrı'ya dua ederek geçirdi"* (Luka 6:12) ve *"Sabah çok erkenden, ortalık henüz ağarmadan İsa kalktı, evden çıkıp ıssız bir yere gitti, orada dua etmeye başladı"* (Markos 1:35). Çatı katında peygamber Daniel'in Yeruşalim yönüne açılan pencereleri vardı ve günde üç kez dizlerinin üzerine çömelip dua etmeye ve Tanrı'ya şükranlarını sunmaya devam etti (Daniel 6:10). Petrus dua etmek için çatıya çıktı (Elçilerin İşleri 10:9) ve elçi Pavlus, dua yeri olacağını düşündüğü kent kapısından çıkarak ırmak kıyısına gitti ve Filipe'de kalırken dua yerinde dua etti (Elçilerin İşleri 16:13; 16). Bu insanlar, belli yerleri dua yeri olarak belirlediler çünkü tüm yürekleriyle dua etmek istediler. Hava krallığının yöneticisi düşman şeytanın güçlerini delip geçerek göklerde ki tahta ulaşacak şekilde dua etmelisiniz. Ancak o zaman Kutsal Ruh ile dolabilecek, aklınızı çelen şeyleri kendinizden uzaklaştırabilecek ve ister büyük isterse küçük olsun tüm sorunlarınıza yanıt alacaksınız.

3) Duanızın amacı olmalı

Bazıları iyi bir kereste versin diye ağaç dikerler. Diğerleri ise meyve versin diye eker. Ve yine bazıları güzel bir bahçe yaratmakta kullanılabilecek tahta için ağaç dikerler. Eğer bir kişi belli bir amacı olmadan ağaç dikmiş ise, fidanlar gelişmeden, boyları uzamadan ve yaşlanmadan önce ağaçları ihmal edebilir çünkü kafası başka işlerle meşguldür.

Her çabada net bir amacın olması, bu amacı körükler ve hızlı ve iyi sonuçlarla başarı getirir. Net bir amaç olmadan bir çaba en küçük engeli bile aşamaz çünkü yön yoksa sadece kuşkular ve geri çekilme vardır.

Tanrı'nın huzurunda dua ederken net bir amacımız olmalı. Eğer Tanrı'nın önünde cesaretimiz varsa O'ndan dilediğimiz her şeyi alacağımız bizlere vaat edildi (1. Yuhanna 3:21-22) ve duamızın amacı net ise, daha içten ve daha büyük bir sebatla dua ederiz. Yüreğimizde bizleri suçlayacak bir şey bulmadığında Tanrı'mız bizlere ihtiyacımız olan her şeyi sağlayacaktır. Her zaman duamızın amacını aklımızda tutmalı ve Tanrı'yı hoşnut edecek şekilde dua etmeliyiz.

4) İmanla dua etmelisiniz

İmanın ölçüsü kişiden kişiye farklılık gösterdiğinden, her insan kendi imanına göre Tanrı'dan yanıt alacaktır. İnsanlar önce İsa Mesih'i kabul edip yüreklerini açtıklarında, Kutsal Ruh onların içinde yaşamak için gelir ve Tanrı onları çocukları olarak mühürler. Bu, hardal tanesi büyüklüğünde imana sahip oldukları zamandır.

Rab'bin gününü kutsal sayıp dua etmeye devam ettikçe, Tanrı'nın buyruklarını tutmak için mücadele ettikçe ve O'nun sözüne göre yaşadıkça, imanları büyür. Ancak kayadan imanın üzerinde sağlamca durmalarından evvel ayartılma ve zorluklarla karşılaştıklarında, Tanrı'nın gücünü sorgulayabilir ve bazı zamanlar yılabilirler. Ancak bir kere kayadan imanın üzerinde durdular mı hiçbir koşul altında yıkılmazlar ama imanla Tanrı'ya bakar ve dua etmeye devam ederler. Tanrı böyle bir imanı görür ve Kendisini sevenlerin iyiliği için çalışır.

Dua üzerine dua inşa ettikçe yukarıdan aldıkları güç ile günaha karşı savaşabilecek ve Rab'bimize andıracaklardır. Rab'bimizin isteği hakkında net bir fikre sahip olacak ve ona itaat edeceklerdir. Bu, Tanrı'yı hoşnut eden imandır ve diledikleri her şeyi alabileceklerdir. İnsanlar bu iman ölçüsüne ulaştıkça Markos 16:17-18'de bulunan vaadi tecrübe edineceklerdir: *"İman edenlerle birlikte görülecek belirtiler şunlardır: Benim adımla cinleri kovacaklar, yeni dillerle konuşacaklar, yılanları elleriyle tutacaklar. Öldürücü bir zehir içseler bile, zarar görmeyecekler. Ellerini hastaların üzerine koyacaklar ve hastalar iyileşecek."* Büyük iman sahibi insanlar, imanlarına göre yanıt alacaklardır ve küçük imanları olanlar da kendi imanlarına göre karşılık alacaklardır.

Kendi kendinize sahip olduğunuz "Ben merkezli iman" ile "Tanrı vergisi iman" vardır. "Ben merkezli iman", kişinin eylemleriyle uyum içinde değildir ama "Tanrı vergisi iman" her zaman eylemlerin eşlik ettiği ruhani imandır. İncil bizlere imanın, umut edilenlere güvenmek, görünmeyen şeylerin varlığından emin olmak olduğunu söyler (İbraniler 11:1) ama "ben merkezli iman" bir kesinlik arz etmez. Hatta bir kişinin Kızıl deniz'i ikiye bölecek ve dağları oynatacak imanı olsa bile, "ben merkezli iman" ile Tanrı'nın yanıtını alacağından emin olmaz.

Tanrı, O'na olan imanımıza göre itaat ettiğimizde, eylemlerle imanımızı ortaya koyduğumuzda ve dua ettiğimizde bizlere eylemlerin eşlik ettiği "yaşayan imanı" verir. Sahip olduğumuz imanı O'na gösterdiğimizde, bizlere ekleyeceği "yaşayan iman" ile bu imanımız birleşecek ve hiçbir aksama olmadan Tanrı'nın yanıtlarını alabileceğimiz büyük bir imana dönüşecektir. Bazı zamanlar insanlar Tanrı'nın yanıtının inkâr edilemez kesinliğini tecrübe ederler. Bu, onlara Tanrı tarafından verilen imandır ve eğer insanlar böyle bir imana sahipler ise, çoktan karşılığı almışlardır.

Dolayısıyla ufacık bir kuşku bile duymadan İsa'nın bize Markos 11:24'de verdiği vaade güvenmeliyiz: *"Bunun için size diyorum ki, duayla dilediğiniz her şeyi daha şimdiden almış olduğunuza inanın, dileğiniz yerine gelecektir."* Ve Tanrı'nın yanıtını ve dilediğimiz her şeyi alacağımıza emin olana dek dua etmeliyiz (Matta 21:22).

5) Sevgiyle dua etmeliyiz

İbraniler 11:6 bize şöyle der: *"İman olmadan Tanrı'yı hoşnut etmek olanaksızdır. Tanrı'ya yaklaşan, O'nun var olduğuna ve kendisini arayanları ödüllendireceğine iman etmelidir."* Eğer tüm dualarımızın yanıtlanacağına ve göksel ödüllerimizin biriktiğine inanırsak, duayı zor veya bitkinlik uyandırıcı bulmayız.

Nasıl İsa, insanlığa yaşam vermek için duada güreş tuttuysa, bizlerde diğer canlara olan sevgimizle dua edersek, içten dua etmiş oluruz. Eğer başkaları için samimi bir sevgiyle dua ederseniz, bunun anlamı kendinizi onların yerine koyduğunuz ve onların sorunlarını kendi sorunlarınızmış gibi gördüğünüz anlamına gelir ki daha da içten bir duadır.

Mesela farz edin ki kilisenizin inşası için dua ediyorsunuz. Kendi evinizin inşası için ettiğiniz duanın yüreğiyle dua etmelisiniz. Nasıl evinizin toprağı, çalışanlar ve materyaller için diliyorsanız, kilisenin inşası için gerekli her unsur ve etkeni de detaylıca dilemelisiniz. Bir hasta için dua ediyorsanız, kendinizi o kişinin yerine koymalı ve o kişinin acısı ve sıkıntısı sizinmiş gibi tüm yüreğinizle duanızda güreşmelisiniz.

Tanrı'nın isteğini gerçekleştirmek için, İsa, hep dizlerinin üzerine çömeldi, Tanrı ve insanlığa olan sevgisiyle dua etti. Bunun bir sonucu olarak kurtuluş yolu açıldı ve İsa Mesih'i kabul eden herkes artık şimdi günahlarından bağışlanabilir ve Tanrı'nın bir çocuğu olarak kendisine verilen yetkinin tadına varabilir.

İsa'nın dua şekline dayanarak ve Tanrı'nın hoşnut olduğu dua tipinin özellikleriyle duruşumuzu ve yüreğimizi tahlil etmeli, Tanrı'yı hoşnut eden bir duruş ve yürekle dua etmeli ve dualarımızla O'ndan dilediğimiz her şeyin karşılığını almalıyız.

4. Bölüm

Ayartılmayasınız

Öğrencilerin yanına döndüğünde
onları uyumuş buldu. Petrus'a,
"Demek ki benimle birlikte bir saat uyanık kalamadınız!"
dedi Uyanık durup dua edin ki, ayartılmayasınız.
Ruh isteklidir, ama beden güçsüzdür.

Matta 26:40-41

1. Dua Hayatı: Ruhumuzun Nefesi

Bizim Tanrı'mız canlıdır, insanın yaşamını, ölümünü, lanetini, kutsanmasını denetler ve sevginin, adaletin ve iyiliğin Tanrı'sıdır. Çocuklarının ayartılmasını ve acılarla yüz yüze gelmesini istemez ama kutsamalarla dolu yaşamlar sürmelerini ister. Bu sebeple yeryüzünün üstesinden gelebilmeleri, düşman şeytanı uzaklaştırabilmeleri, sağlıklı ve sevinçli yaşamlar sürebilmeleri ve kurtuluşa erişebilmeleri için çocuklarına yardım etsin diye Yardımcı Kutsal Ruh'u dünyaya göndermiştir.

Tanrı, Yeremya 29:11-12 ayetlerinde bize şu sözü vermiştir: *"Çünkü sizin için düşündüğüm tasarıları biliyorum"* diyor RAB. *"Kötü tasarılar değil, size umutlu bir gelecek sağlayan esenlik tasarıları bunlar. O zaman beni çağıracak, gelip bana yakaracaksınız. Ben de sizi işiteceğim."*

Eğer bu yaşamı huzur ve umut içinde yaşayacaksak dua etmeliyiz. Eğer Mesih'te ki yaşamlarımız sırasında sürekli dua edersek, ayartılmayız, canlarımız gönenç içinde olur, aşikâr bir şekilde "imkânsız" olan şeyler "imkânsız olmaz", her ilişkimiz yolunda gider ve iyi bir sağlığın tadına varırız. Ama düşmanımız İblis kükreyen aslan gibi yutacak birini arayarak dolaşıyor olduğundan eğer dua etmezsek, aklımızın çelinmesiyle yüzleşir ve felaketlerle tanışırız.

Her gün nefes almadığımız takdirde nasıl yaşamımız son bulursa, Tanrı'nın çocuklarının yaşamlarında duanın önemi yeteri önemde vurgulanamaz. Bu sebeple Tanrı bizlere sürekli dua etmemizi buyurur (1. Selanikliler 5:17), dua etmekten vazgeçmenin günah olduğunu hatırlatır (1. Samuel 12:23) ve ayartılmamamız için dua etmemizi öğretir (Matta 26:41).

İsa Mesih'i yakın bir zamanda kabul etmiş yeni inananlar, dua etmeyi zor bulma eğiliminde olurlar çünkü nasıl dua edeceklerini bilmezler. İsa Mesih'i kabul edip Kutsal Ruh'u aldığımızda ölü ruhumuz tekrar doğar. O vakit ruhani durum yeni doğmuş bir bebeğinkine benzediğinden dua etmek zor gelir.

Ancak vazgeçmez, dua etmeye ve Tanrı'nın sözünü gündelik ekmekleri yapmaya devam ederlerse, ruhları güçlenir ve duaları da daha sağlamlaşır. Nasıl insanlar nefes almadan yaşayamıyorlarsa, duasız da yaşayamayacaklarını kavramaya başlarlar.

Çocukluğumda birbirleriyle en uzun nefes tutma yarışı yapan çocuklar vardı. İki çocuk karşı karşıya gelir ve uzunca bir nefes alırlardı. Başka bir çocuk onlara "hazır mısınız?" diye sorduktan sonra, iki çocuk olabildiğince derin nefes alırlardı. Azimli bir yüz ifadesi içinde ki diğer çocuk "başla" dediğinde, iki çocuk nefeslerini tutardı.

İlk başlarda nefes tutmak hiçte zor değildir. Ama zaman biraz geçtikten sonra yüzleri pancara dönmüş çocuklar boğulma hissine kapılırlardı ve sonunda nefeslerini daha fazla tutamaz ve tüm nefeslerini dışarıya verme zorunda hissederlerdi. Nefes alıp vermesi duran bir kimse yaşayamaz.

Dua konusunda da durum aynıdır. Ruhani bir kişi dua etmeyi keserse, önceleri pek bir fark göremez. Ancak zaman geçtikçe yüreğinde ümitsizlik ve dert hisseder. Eğer o kişinin ruhunu gözlerimizle görebilseydik, bu ruh boğulur gibi görünürdü. Eğer tüm bunların nedeninin duayı kesmesi olduğunu fark eder ve tekrar dua etmeye başlarsa, yeniden Mesih'te normal bir yaşam sürdürür. Ancak duadan vazgeçme günahına devam ederse, daha da berbat ve dertli hissedecek ve yaşamının pek çok açıdan çarpık gitmesine katlanacaktır.

Duaya "ara vermek", Tanrı'nın bir isteği değildir. Nasıl nefes almamız normale dönene kadar soluğumuz kesiliyorsa, geçmişimizde sürdürdüğümüz normal dua hayatına geri dönmekte zordur ve çok fazla zaman alır. "Ara" ne kadar uzunsa, dua yaşamınızın iyileşmesi de o kadar zaman alır.

Duanın ruhlarının nefesi olduğunu kavrayan insanlar dua etmeyi zor bulmazlar. Alışkanlık içinde nefes alıp verdikleri gibi dua etmekteyseler, dua etmeyi yorucu ve zor bulmak yerine daha barışçıl olur, umutla dolar ve dua etmedikleri yaşamdan daha sevinç içinde olurlar. Çünkü Tanrı'dan yanıtlarını alırlar ve dua ederken O'nu yüceltirler.

2. Dua Etmeyen İnsanların Karşısında Ayartılmanın Çıkış Sebepleri

İsa, bizler için dua örneği teşkil etti ve öğrencilerine uyanık durup dua ederek ayartılmamalarını söyledi (Matta 26:41). Diğer taraftan bu, eğer sürekli dua etmiyorsak, ayartılabileceğimiz anlamına gelir. Öyleyse ayartılma durumu niçin dua etmeyen insanların karşısına çıkar?

Tanrı, ilk insan Âdem'i yarattı, onu yaşayan bir varlık yaptı ve Ruh olan Tanrı ile iletişim kurmasına izin verdi. Âdem, iyilikle kötülüğün bilgisini taşıyan ağaçtan yedikten ve Tanrı'ya itaatsizlik ettikten sonra ruhu öldü, Tanrı ile olan iletişimi kesildi ve Aden Bahçesinden kovuldu. Hava krallığının yöneticisi düşman şeytan, Ruh olan Tanrı ile iletişimi kesilen insanın kontrolünü eline geçirdiğinden, insan giderek ve hızla günah batağına çekildi.

Günahın ücreti ölüm olduğundan (Romalılar 6:23), Tanrı, ölüm yoluna girmiş tüm insanlık için İsa Mesih yoluyla kurtuluşun takdiri ilahisi üzerinde ki perdeyi kaldırdı. Tanrı, İsa'yı Kurtarıcısı kabul eden, bir günahkâr olduklarını itiraf edip tövbe eden herkesi Çocuğu olarak mühürler ve onlara bir teminat nişanı olarak Kutsal Ruh'u verir.

Tanrı'nın gönderdiği Yardımcı olan Kutsal Ruh, günah, doğruluk ve gelecek yargı konusunda dünyayı suçlu olduğuna ikna eder (Yuhanna 16:8), sözle anlatılamaz iniltilerle bizim için aracılık eder (Romalılar 8:26) ve dünyanın üstesinden gelmemizi sağlar.

Kutsal Ruh ile dolabilmemiz ve O'nun yardımını alabilmemiz için dua kesinlikle gereklidir. Ancak dua ettiğimizde Kutsal Ruh bizimle konuşacak, yüreklerimize ve aklımıza tesir edecek, tehdit oluşturan ayartılmalara karşı bizi uyaracak, bu tarz ayartılmalardan kaçınma yollarını bize söyleyecek ve önümüze çıksalar bile bunların üstesinden gelmemiz hususunda bize yardım edecektir.

Dua etmeden, Tanrı'nın isteğiyle insanın isteğini ayırt edebilmenin bir yolu yoktur. Dünyevi arzuların peşinde düzenli bir dua hayatları olmayan insanlar, eski alışkanlıklarına göre yaşar ve kendi doğrularına göre doğru olanı izlerler. Böylece ayartılmalar ve acılarla yüz yüze gelecekleri diğer zorluklarda eklenir.

Yakup 1:13-15 ayetlerinde şunu okuruz: *"Ayartılan kişi, 'Tanrı beni ayartıyor' demesin. Çünkü Tanrı kötülükle ayartılmadığı gibi kendisi de kimseyi ayartmaz. Herkes kendi arzularıyla sürüklenip aldanarak ayartılır. Sonra arzu gebe kalır ve günah doğurur. Günah olgunlaşınca da ölüm getirir."*

Diğer bir deyişle, ayartılmalar, Tanrı'nın isteğiyle insanın isteğini ayırt etmekte başarısız olan, dünyevi arzularla ayartıldıkları için dua etmeyen ve ayartılmaların üstesinden gelemedikleri için zorluklardan çeken insanların karşısına çıkar. Tanrı, koşullar ne olursa olsun tüm çocuklarından mutlu olmayı öğrenmelerini, neye gereksinim duyulacağını ve neyin çok olması gerektiğini bilmelerini ve ister tok ister aç, ister bolluk ister ihtiyaç içinde olsunlar, her durumda, her koşulda yaşamanın sırrını öğrenmelerini ister (Filipililer 4:11-12).

Ancak dünyevi arzular günaha gebe kalıp günahı doğurduğundan ve günahın ücreti de ölüm olduğundan, Tanrı, günah işlemeye devam eden insanları koruyamaz. İnsanlar ne kadar çok günah işlerlerse, düşman ibliste onlara ayartılabilmeyi ve acıları getirir. Akılları çelinip ayartılan bazı insanlar, Tanrı'nın buna izin verdiğini ve onları sürüklediğini iddia ederek Tanrı'yı hayal kırıklığına uğratırlar. Ancak bunlar Tanrı'ya karşı kin tutma davranışlarıdır ve böyle bireyler ayartılmaların üstesinden gelemez ve Tanrı'ya kendi iyilikleri için çalışacağı yer bırakmazlar.

Tanrı bizlere safsataları, Tanrı bilgisine karşı diklenen her engeli yıkmayı, her düşünceyi tutsak edip Mesih'e bağımlı kılmayı buyurur (2. Korintliler 10:5). Ve bizlere Romalılar 8:6-7 ayetlerinde şunu hatırlatır: *"Benliğe dayanan düşünce ölüm, Ruh'a dayanan düşünceyse yaşam ve esenliktir. Çünkü benliğe dayanan düşünce Tanrı'ya düşmandır; Tanrı'nın Yasası'na boyun eğmez, eğemez de."*

Tanrı ile tanışmadan önce "doğru" olarak zihinlerimizde sakladığımız ve öğrendiğimiz bilginin pek çoğunun, gerçeğin ışığında yanlış olduğu görülür. Dolayısıyla ancak kafamızda ki tüm teorileri ve benliğin düşüncelerini yıktığımız vakit Tanrı'nın isteğini tam anlamıyla izleyebiliriz. Ayrıca eğer tüm savları ve her iddiayı yıkmak ve gerçeğe itaat etmek istiyorsak, dua etmeliyiz.

Bazı zamanlar sevgi Tanrı'sı Sevgili Çocuklarını düzeltir ki yıkım yolundan baş aşağı gitmesinler ve onların ayartılmasına izin verir ki tövbe edebilsin ve gittikleri yoldan dönebilsinler. İnsanlar kendilerini gözden geçirdiklerinde, Tanrı'nın gözünde uygun olmayan şeyler için tövbe ettiklerinde, dua etmeye devam ettiklerinde, Kendisi sevenler için her şeyi yoluna sokan Tanrı'ya baktıklarında ve sürekli sevinç içinde olduklarında, Tanrı, onların imanını görecek ve kesinlikle onları yanıtlayacaktır.

3. Ruh İsteklidir, Ama Beden Güçsüzdür

Çarmıhını yüklenmeden önce ki gece İsa, öğrencileriyle birlikte Getsemani adında ki bir yere gitti ve dua etti. Öğrencileri uyur gördüğünde ise, kederle şöyle dedi: *"Ruh isteklidir, ama beden güçsüzdür"* (Matta 26:41).

Kutsal Kitap'ta "benlik", "benliğin işleri" ve "benliğin eylemleri" gibi terimler bulunur. "Benlik", "ruhun" karşısında durduğu gibi, genellikle bozuk ve değişen her şeyi içini alır. Gerçeğe dönüştürülmemiş insan, bitki ve tüm hayvanları da kapsamak üzere her bir yaratılmış olana işaret eder. Diğer yandan ise "ruh", ebedi, gerçek ve değişmeyen şeyleri kapsar.

Âdem'in itaatsizliğinden beri tüm kadın ve erkekler kalıtımsal bir günahkâr doğa ile doğmuşlardır ve bu, ilk günahtır. "Kişinin işlediği günahlar", düşman şeytanın kışkırtmasıyla işlenen gerçeğe aykırı eylemlerdir. İnsan, gerçeğe aykırılık bedenini lekelediğinde ve bedeni günahkâr doğasıyla birleştiğinde "benliğin" insanı olur. Bunu Romalılar 9:8 ayeti, "olağan yoldan doğan çocuklar" olarak tasvir eder. Ayet şöyle devam eder: *"Demek ki Tanrı'nın çocukları olağan yoldan doğan çocuklar değildir; İbrahim'in soyu sayılanlar Tanrı'nın vaadi uyarınca doğan çocuklardır."* Ve Romalılar 13:14'de bizleri uyarır: *"Rab İsa Mesih'i kuşanın. Benliğinizin tutkularına uymayı düşünmeyin."*

"Benliğin şeyleri", aldatma, çekememezlik, kıskançlık ve nefret gibi günahkâr özelliklerin çeşitlemesidir (Romalılar 8:5-8). Henüz fiziksel açıdan dışa vurulmamışlardır ama eyleme dönüşebilirler. Bu arzular eyleme dönüştürüldüğünde, onlara "benliğin işleri" denir (Galatyalılar 5:19-21).

İsa, "beden güçsüzdür" diyerek ne demek istemiştir? Öğrencilerinin fiziksel durumuna mı atıfta bulunmuştur? Eski balıkçılar olan Petrus, Yakup ve Yuhanna, yaşamlarının zirvesinde, sağlıklı adamlardı. Pek çok geceyi balık avlayarak geçiren insanlar için gecenin birkaç saati uyanık kalmak büyük bir mesele olmasa gerek. Ancak İsa'nın onlara uyanık kalmalarını ve Kendisiyle birlikte izlemelerini söylemesine rağmen üç öğrenci duaya devam edemediler ve uykuya yenik düştüler. Oysa İsa ile dua edebilmek için Getsemani'ye gitmişlerdi. Ancak bu arzu sadece yüreklerindeydi. İsa, onlarla bedenlerinin "güçsüz" olduğunu söylerken, aslında onları uyuyup dinlenmeye cezbeden benliğin şehvetini önleyemediklerini anlatmak istiyordu. İsa'nın sevgili öğrencisi Petrus, dua edememişti çünkü ruhu istekli olsa da bedeni güçsüzdü ve İsa yakalanıp ta hayatı tehlikeye girdiğinde, İsa'yı tanımasına rağmen O'nu üç kez inkâr etti. Bu, İsa'nın dirilip göğe alınmasından önce oldu ve Petrus, Kutsal Ruh'u almamış olmasından dolayı büyük bir korku içindeydi. Ancak Kutsal Ruh'u aldıktan sonra Petrus, ölüleri hayata döndürdü, mucizevî belirti ve harikalar ortaya koydu ve baş aşağı çarmıha gerilecek kadar cesareti büyüdü. Petrus'un güçsüzlüğünün izleri, Tanrı'nın gücünün ölümden korkmayan cesur elçisine dönüştükten sonra yitip gitti. Çünkü İsa, kıymetli, lekesiz ve kusursuz kanını dökmüş ve bizleri zayıflıklarımızdan, sefalet ve güçsüzlüğümüzden kurtarmıştır. İmanla Tanrı'nın Sözüne itaat ederek yaşarsak, hem bedenen hem ruhen iyi bir sağlığın tadına varır, insan için imkânsız olanı yapabiliriz ve bizim için her şey mümkün olur.

Bazı zamanlar günah işleyen insanlar, günahlarından tövbe etmek yerine "beden güçsüzdür" der ve günah işlemenin doğal olduğunu düşünürler. Bu tür insanlar gerçeğin farkında olmadıkları için bu tür sözler sarf ederler. Farz edin ki bir baba oğluna $1,000 vermiş olsun. Oğlun tüm parayı cebine atıp babasına "Hiç param yok. Tek kuruşum dahi yok" demesi ne kadar gülünç kaçardı. Hala $1000 cebindeyken yiyecek dahi almadan kendini açlığa terk eden oğul karşısında babanın nasıl da asabı bozulurdu? Bu sebepten Kutsal Ruh'u almış olanlar için "beden güçsüzdür" demek çelişkili bir ifadedir.

Geceleyin saat 10'da yatarken dua etmeye başladıktan ve Kutsal Ruh'un yardımını aldıktan sonra şimdi "Cuma Gece Boyu Ayin" hizmetlerine katılan pek çok insan gördüm. Onlar ne yoruluyor ne de uyukluyor ama Kutsal Ruh'la dolu olarak Cuma gecelerini Tanrı'ya veriyorlar. Çünkü Kutsal Ruh ile dolu olan insanların ruhani gözleri keskinleşir, yüreklerinden sevinç taşar ve bedenleri daha hafiflemiş hisseder.

Kutsal Ruh'la yaşayan bizler asla dua etmekte başarısız olmamalı ve "beden güçsüzdür" diye günah işlememeliyiz. Aksine kendimizi uyanık tutarak ve sürekli dua ederek Kutsal Ruh'un yardımlarını almalı, benliğin şeylerini ve eylemleri söküp atmalı ve Tanrı'nın bizler için olan isteğine göre her zaman yaşayarak gayretle Mesih'te yaşamlar sürdürmeliyiz.

4. Kendilerini Uyanık Tutan ve Dua Eden İnsanlar için Kutsamalar

1. Petrus 5:8-9 ayetleri bize şöyle der: *"Ayık ve uyanık olun. Düşmanınız İblis kükreyen aslan gibi yutacak birini arayarak dolaşıyor. Dünyanın her yerindeki kardeşlerinizin de aynı acıları çektiğini bilerek imanda sarsılmadan İblis'e karşı direnin."* Hava krallığının yöneticisi düşman şeytan ve iblis, Tanrı'ya inananların kötü yola sapmaları için mücadele verir ve

her fırsatta onların iman sahibi olmalarını önlemeye çalışır. Eğer biri bir ağacı kökünden çıkarmak istiyorsa önce onu sarsmayı dener. Eğer gövde büyük ve kalın, kökleri ise toprağın derinlerinde ise, başka bir ağaca yönelir. İkinci ağacın birinciye nazaran daha kolay çıkacağı aşikâr olduğunda, daha kararlı ve güçlü ağacı sarsar. Aynı şekilde, bizleri ayartmanın yollarını arayan düşman şeytan, sağlam durduğumuz takdirde uzaklaştırılacaktır. Azıcık dahi olsa sarsılacak olsak, düşman şeytan bizi yere serecek şekilde ayartmaya devam edecektir.

Düşman şeytanın hilekâr planlarını ayırt edebilmek ve yıkmak, Tanrı'nın sözüne göre yaşayarak ışıkta yürümek için dualarımızla güreş tutmalı ve Tanrı vergisi gücü ve kudreti yukarıdan almalıyız. Tanrı'nın tek ve yegâne Oğlu İsa, duanın gücüyle her şeyi Tanrı'nın isteğine göre gerçekleştirebiliyordu. Halk arasında ki hizmetine başlamadan önce, İsa kendini kırk gün kırk gece oruç tutarak hazırladı ve üç yıllık hizmeti boyunca sürekli dua ederek Tanrı'nın gücünün olağanüstü işlerini ortaya koydu. Halk arasında ki hizmetinin sonunda, İsa, ölümün otoritesini yıkabildi ve dirilerek üstesinden gelebildi çünkü Getsemani'de dua güreşi tuttu. Bu sebeple Rab'bimiz bize şu tavsiyede bulunur: *"Kendinizi duaya verin. Duada uyanık kalın, şükredin"* (Koloseliler 4:2) ve *"Her şeyin sonu yakındır. Bu nedenle, sağduyulu olun ve dua etmek için ayık durun"* (1. Petrus 4:7). Ayrıca bize şöyle dua etmemizi de söyledi: *"Ayartılmamıza izin verme. Bizi kötü olandan kurtar"* (Matta

6:13). Ayartılmanızı önleyebilmemiz çok önemlidir. Eğer ayartılırsanız, bunun üstesinden gelemediğiniz, bitkin düştüğünüz ve imanınızda azalma olduğu anlamına gelir ki bunların hiç biri Tanrı'yı hoşnut etmez.

Kendimizi uyanık tutup dua ettiğimizde Kutsal Ruh bizlere doğru yolda yürümeyi öğretir ve günahlarımıza karşı savaşıp onları söküp atarız. Dahası canlarımız gönenç içinde oldukça, yüreklerimiz Rab'bi yansıtacak, yaşantımızda her şey yolunda gidecek ve iyi bir sağlığın kutsamasını alacağız.

Dua, hayatımızda her şeyin yolunda gitmesi ve gerek bedenen gere ise ruhen iyi bir sağlığı almamızın anahtarıdır. 1. Yuhanna 5:18'de bize şu vaat edilmiştir: *"Tanrı'dan doğmuş olanın günah işlemediğini biliriz. Tanrı'dan doğmuş olan İsa Mesih onu korur ve kötü olan ona dokunamaz."* Bu sebeple uyanık olur, dua eder ve ışıkta yürürsek, düşman şeytandan korunuruz ve ayartılsak bile Tanrı bizlere bundan kaçacağımız yolları gösterir, Kendisini sevenlerin iyiliği için çalışır.

Tanrı bize sürekli dua etmemizi söylediğinden, kendimizi uyanık tutarak, düşman şeytanı uzaklaştırarak ve Tanrı'nın bizleri kutsamaya niyet ettiği şeyleri alarak bizleri Mesih'te yaşamalara yönelten Tanrı'nın kutsanmış çocukları olmalıyız.

1. Selanikliler 5:23 ayetlerinde şunu okuruz: *"Esenlik kaynağı olan Tanrı'nın kendisi sizi tümüyle kutsal kılsın.*

Ruhunuz, canınız ve bedeniniz Rabbimiz İsa Mesih'in gelişinde eksiksiz ve kusursuz olmak üzere korunsun."

Kendinizi uyanık tutarak ve sürekli dua ederek Kutsal Ruh'un yardımını almanız, içinizde ki günahkâr doğayı söküp atarak ve Kutsal Ruh sayesinde yüreğinizin sünnetini gerçekleştirerek Tanrı'nın bir çocuğu olarak kusursuz ve lekesiz bir yüreğe sahip olmanız, Tanrı'nın bir çocuğu olarak canınızın gönenç içinde olacağı otoritenin tadına varmanız, yaşamınızda ki her şeyin başarılı olması, iyi bir sağlıkla kutsanmanız ve yaptığınız her iş de Tanrı'yı yüceltmeniz için Rab'bimiz İsa Mesih'in adıyla dua ediyorum.

5. Bölüm

Doğru Bir Kişinin Duası

Bu nedenle,
şifa bulmak için günahlarınızı birbirinize
itiraf edin ve birbiriniz için dua edin.
Doğru kişinin yalvarışı çok güçlü ve etkilidir.
İlyas da tıpkı bizim gibi insandı.
Yağmur yağmaması için gayretle dua etti;
üç yıl altı ay ülkeye yağmur yağmadı.
Yeniden dua etti;
gök yağmurunu, toprak da ürününü verdi.

Yakup 5:16-18

1. Hastalara Şifa Veren İman Duası

Geriye dönüp yaşamlarımıza baktığımızda, acıların tam ortasında yaptığımız dualar ve Tanrı'nın yanıtlarını aldıktan sonra Sevinç duyup övgüler yağdırdığımız zamanlar vardır. Sevdiklerimizin şifa bulması için başkalarıyla yaptığımız dualar ve insan için imkânsız olanın gerçekleşmesinden sonra Tanrı'yı yücelttiğimiz anlar vardır.

İbraniler 11'de imanla ilgili pek çok referans bulunur. Birinci ayette bizlere şu hatırlatılır: *"İman, umut edilenlere güvenmek, görünmeyen şeylerin varlığından emin olmaktır"* ve *"İman olmadan Tanrı'yı hoşnut etmek olanaksızdır. Tanrı'ya yaklaşan, O'nun var olduğuna ve kendisini arayanları ödüllendireceğine iman etmelidir"* (Ayet 6).

İman, genellikle "benliğin imanı" ve "ruhani iman" olarak ayrılır. Benliğin imanıyla Tanrı'nın sözüne ancak bizim düşüncelerimizle uyuştuğu takdirde inanırız. Benliğin imanı hayatlarımıza değişim getirmez. Oysa ruhani imanla, yaşayan Tanrı'nın gücüne ve düşüncelerimizle ve teorilerimizle uyum içinde olmasa dahi O'nun sözüne inanırız. her şeyi yoktan var eden Tanrı'nın işlerine inandığımızdan, O'nun mucizevî belirtileri ve harikaları yanı sıra hayatlarımızda hissedilebilir değişimleri duyumsar ve inananlar için her şeyin mümkün olduğuna inanırız.

Bu yüzden İsa bize şöyle demiştir: *"İman edenlerle birlikte görülecek belirtiler şunlardır: Benim adımla cinleri kovacaklar, yeni dillerle konuşacaklar, yılanları elleriyle tutacaklar. Öldürücü bir zehir içseler bile, zarar görmeyecekler. Ellerini hastaların üzerine koyacaklar ve hastalar iyileşecek"* (Markos 16:17-18), *"İman eden biri için her şey mümkün!"* (Markos 9:23), ve *"Bunun için size diyorum ki, duayla dilediğiniz her şeyi daha şimdiden almış olduğunuza inanın, dileğiniz yerine gelecektir"* (Markos 11:24).

Nasıl ruhani iman sahibi olur ve Tanrı'nın büyük gücünün ilk elden tecrübeleri elde ederiz? Her şeyin ötesinde elçi Pavlus'un 2. Korintliler 10:5 ayetinde söylediklerini hatırlamalıyız: *"Safsataları, Tanrı bilgisine karşı diklenen her engeli yıkıyor, her düşünceyi tutsak edip Mesih'e bağımlı kılıyoruz."* Bu ana kadar topladığımız bilgiyi daha fazla gerçek farz edemeyiz. Aksine, Tanrı'nın sözünü ihlal eden her türlü düşünce ve teoriyi yıkmalı, gerçek olan O'nun Sözüne kendimizi itaat eder kılmalı ve O'na göre yaşamalıyız. Benliğin düşüncelerini yıktığımız ve kendimizden gerçek dışılığı uzaklaştırdığımız ölçüde, canlarımız gönenç içinde olur ve inanabildiğimiz ruhani imana sahip oluruz.

Ruhani iman, Tanrı'nın her birimize verdiği imanın ölçüsüdür (Romalılar 12:3). Müjdeyi duyduktan ve İsa Mesih'i kabul ettikten sonra, imanımız bir hardal tanesi kadar küçüktür. Gayretle ayinlere katıldıkça, Tanrı'nın sözünü duydukça ve O'na göre yaşadıkça daha da doğru kişiler oluruz. Dahası imanımız büyüdükçe inananlara eşlik eden belirtiler kesinlikle bizlere de eşlik edecektir.

Hastaya şifa duası ederken, dua edenlerin ruhani imanı olması gerekir. Matta 8'de betimlenen yüzbaşının – uşağı felç olan ve korkunç acılar çeken – İsa'nın bir sözüyle uşağının iyileşeceğine imanı olduğundan, uşağı o anda iyileşti (Matta 8:5-13).

Dahası, hastalar için dua ettiğimizde imanımızda cesur olmalı ve Tanrı'nın, *"Yalnız hiç kuşku duymadan, imanla istesin. Çünkü kuşku duyan kişi rüzgârın sürükleyip savurduğu deniz dalgasına benzer. Her bakımdan değişken, kararsız olan kişi Rab'den bir şey alacağını ummasın"* (Yakup 1:6-7) Sözünden kuşku duymamalıyız.

Tanrı, güçlü ve bir o yana bir bu yana çekilmeyen istikrarlı imandan hoşnuttur; sevgide birleşip imanla hasta için dua ettiğimizde, Tanrı, daha da fazla uğraşır. Hastalık, günahın neticesi olduğundan ve şifa veren RAB'BİMİZ olduğundan (Mısır'dan Çıkış 15:26), günahlarımızı birbirimize itiraf edip birbirimiz için dua ettiğimizde, Tanrı bizlere bağışlanma ve şifa verir.

Ruhani iman ve ruhani sevgiyle dua ettiğinizde, Tanrı'nın yüce işlerini deneyim edinir, Rab'bimizin sevgisine tanıklık eder ve O'nu yüceltiriz.

2. Güçlü ve Etkin Olan Doğru İnsanın Duasıdır

Merriam-Webster Sözlüğüne göre doğru insan, "İlahi ve ahlaki yasaya göre davranan; suç ve günahtan uzak olan" kişidir. Ancak Romalılar 3:10 ayeti bize şöyle der: *"Doğru kimse yok, tek kişi bile yok."* Ve Tanrı şöyle der: *"Çünkü Tanrı katında aklanacak olanlar Yasa'yı işitenler değil, yerine getirenlerdir"* (Romalılar 2:13) ve *"Yasa'nın gereklerini yapmakla hiç kimse Tanrı katında aklanmayacaktır. Çünkü Yasa sayesinde günahın bilincine varılır"* (Romalılar 3:20).

Günah, ilk insan Âdem'in itaatsizliği sonucu dünyaya geldi ve ölüm bir insanın aracılığıyla sayısız insan arasına yayıldı (Romalılar 5:12, 18). O'nun görkemini kavrayamayan insan ırkına, Tanrı'nın doğruluğu yasadan ayrı olarak gösterildi ve hatta Tanrı'nın doğruluğu, tüm inananları İsa Mesih'e iman yoluyla aklar (Romalılar 3:21-23).

Bu dünyanın "doğruluğu", her neslin değerlerine göre değiştiğinden, doğruluğun hakiki bir ölçütü olamaz. Tanrı asla değişmediğinden, ancak O'nun doğruluğu hakiki bir doğruluk ölçütü olabilir.

Bu sebeple Romalılar 3:28'de şöyle der: *"Çünkü insanın, Yasa'nın gereklerini yaparak değil, iman ederek aklandığı kanısındayız."* Böylece iman aracılığıyla yasayı geçersiz kılmaz ama doğrularız (Romalılar 3:31).

İmanla aklanırsak, günahtan özgür kılınarak ve Tanrı'nın

esirleri olarak, kutsallığa varmanın meyvelerini vermeliyiz. Tanrı'nın sözünü ihlal eden her türlü gerçeğe aykırı şeyi söküp atarak ve gerçeğin ta kendisi olan Tanrı'nın sözüne göre yaşayarak gerçekten doğru olma mücadelesini vermeliyiz.

Tanrı, imanlarına eylemler eşlik eden, gece-gündüz O'nun sözüne göre yaşama mücadelesi veren ve dualarının karşılığında O'nun işlerini ortaya koyan insanların "doğru" insanlar olduğunu bildirir. Tanrı, kiliseye gelen ama anne-babasına itaatsizlik ederek, kardeşleriyle uyumsuzluk içinde olarak ve yanlış işler yaparak Kendisiyle arasında günah duvarı ören birine nasıl yanıt versin?

Tanrı, doğru bir adamın – Tanrı'nın sözüne itaat eden ve sözüne göre yaşayan, Tanrı'ya olan sevgisini bir kanıt olarak kendisiyle taşıyan – duasını, o kişiye güç vererek güçlü ve etkin yapar.

Luka 18:1-18 ayetleri, ısrarcı bir dulu anlatır. Bir dul ile dulun Tanrı tanımayan ve insana saygı duymayan bir yargıca sunduğu vakayı betimler. Yargıç her ne kadar Tanrı'dan korkmuyor ve insanları fazla umursamıyorsa da, sonunda dula yardım etmek zorunda kalır. Yargıç kendi kendine şöyle der: *"Ben her ne kadar Tanrı'dan korkmaz, insana saygı duymazsam da, bu dul kadın beni rahatsız ettiği için hakkını alacağım. Yoksa sürekli gelip beni canımdan bezdirecek"* (4-5. Ayetler).

Bu benzetmenin sonunda İsa şöyle der: *"Adaletsiz yargıcın*

ne söylediğini duydunuz; Tanrı da, gece gündüz kendisine yakaran seçilmişlerinin hakkını almayacak mı? Onları çok bekletecek mi? Size şunu söyleyeyim, onların hakkını tez alacaktır" (Luka 18:7-8).

Etrafımıza bakındığımızda kendilerinin Tanrı'nın çocukları olduğunu ilan eden, gece-gündüz dua eden, sıkça oruç tutan ama Tanrı'dan yanıt alamayan insanlar görürüz. Bu insanlar, Tanrı'nın gözünde henüz aklanmadıklarını kavramalılardır.

Filipililer 4:6-7 bize şöyle der: *"Hiç kaygılanmayın; her konudaki dileklerinizi, Tanrı'ya dua edip yalvararak şükranla bildirin. O zaman Tanrı'nın her kavrayışı aşan esenliği Mesih İsa aracılığıyla yüreklerinizi ve düşüncelerinizi koruyacaktır."* Kişinin, Tanrı'nın gözünde "doğru" olmasına, iman ve sevgiyle dua etmesine bağlı olarak, Tanrı'nın yanıtlarını alacağı mertebe değişecektir. Doğru bir insan olmanın yetkinliğini elde ettikten ve dua ettikten sonra Tanrı'nın yanıtlarını hızla alır ve O'nu yüceltir. Bu yüzden insanların Tanrı ile aralarında duran günah duvarını yıkmaları, Tanrı'nın gözünde "doğru" ilan edilmelerini sağlayan yetkinlikleri elde etmeleri ve imanla ve sevgiyle içten dua etmeleri büyük önem arz eder.

3. Güç ve Armağan

"Armağanlar", Tanrı'nın özgürce verdiği Hediyeleri ve

Doğru Bir Kişinin Duası · 79

Sevgiyle dolu Tanrı'nın özel işleridir. Kişi ne kadar çok dua ederse, Tanrı'nın armağanını da o kadar çok arzulayacak ve dileyecektir. Ancak bazı zamanlar kendi aldatıcı arzularına uygun bir armağan Tanrı'dan dileyebilir. Bu, kendisine yıkım getirecektir ve bu, Tanrı'nın gözünde doğru olmadığından, kişi kendini buna karşın korumalıdır.

Elçilerin İşleri 8'de Filipus'un müjdeyi duyurmasından sonra Simun adında ki bir büyücü hep Filipus'un yanında kaldı ve doğaüstü belirtileri ve yapılan büyük mucizeleri görünce şaşkına döndü (9-13. ayetler). Simun, Petrus ile Yuhanna'nın ellerini koymalarıyla Kutsal Ruh'un verildiğini gördüğünde onlara para teklif ederek şöyle dedi: *"Bana da bu yetkiyi verin, kimin üzerine ellerimi koysam Kutsal Ruh'u alsın"* (17-19. ayetler). Bunun üzerine Petrus, Simun'u azarlayarak şöyle dedi: *"Paran da yok olsun, sen de! Çünkü Tanrı'nın armağanını parayla elde edebileceğini sandın. Senin bu işte bir payın, bir hakkın yok. Yüreğin, Tanrı'nın gözünde doğru değildir. Bu kötülüğünden tövbe et ve Rab'be yalvar, yüreğindeki bu düşünce belki bağışlanır. Senin kin dolu, kötülüğe tutsak biri olduğunu görüyorum"* (20-23. ayetler).

Armağanlar, yaşayan Tanrı'yı gösterenlere ve insanları kurtaranlara verildiğinden, Kutsal Ruh'un gözetimi altında ortaya konulmalıdır. Bu sebeple, Tanrı'dan armağanlar dilemeden önce, O'nun gözlerinde doğru olma mücadelesini önce vermeliyiz.

Canlarımız gönenç içinde olduktan ve kendimizi Tanrı'nın kullanabileceği araçlara biçimlendirdikten sonra Tanrı bizlere Kutsal Ruh'un esinlemesinde armağanlar dilememiz için izin verir ve dilediğimiz armağanları da bize verir.

İmanın atalarından her birinin pek çok amaç için Tanrı tarafından kullanıldığını biliyoruz. Bazıları Tanrı'nın gücünü fazlasıyla ortaya koyarken, diğerleri Tanrı'nın gücünü sergilemeden sadece peygamberlik etti ve yine bazıları da sadece insanlara öğretti. Tam bir imana ve sevgiye ne kadar çok sahip oldularsa Tanrı'da onlara o kadar büyük güç verdi ve daha büyük işler ortaya koymalarına izin verdi.

Mısır'ın prensi olarak yaşadığında, Musa o kadar çabuk öfkelenen bir insandı ki, soydaşı İsrailliye kötü muamele eden bir Mısır'lıyı hemen oracıkta öldürdü (Mısır'dan Çıkış 2:12). Ancak pek çok sınamadan sonra Musa, yeryüzünde ki herkesten çok daha alçakgönüllü bir insan oldu ve büyük güç aldı. Çeşitli belirti ve harikalar ortaya koyarak İsraillileri Mısır'dan çıkardı (Çölde Sayım 12:3).

Ayrıca Yakup 5:17-18'de yazılan İlyas'ın duasını biliyoruz: *"İlyas da tıpkı bizim gibi insandı. Yağmur yağmaması için gayretle dua etti; üç yıl altı ay ülkeye yağmur yağmadı. Yeniden dua etti; gök yağmurunu, toprak da ürününü verdi."*

Gördüğümüz ve Kutsal Kitap'ında bize söylediği gibi, doğru adamın duası güçlü ve etkindir. Doğru bir adamın gücü ve kudreti seçkindir. Saatlerini harcadıktan sonra sonra bile insanların Tanrı'nın yanıtını alamadığı dualar varken, Tanrı'nın yanıtını ve O'nun gücünü getiren büyük güçte dualar da vardır. Tanrı, imanın, sevginin ve fedakârlığın duasını almaktan memnuniyet duyar ve verdiği çeşitli armağanlar ve güçle insanların kendisini yüceltmesine izin verir.

Ancak bizler ta başında doğru insanlar değildik. Ancak İsa Mesih'i kabul ettikten sonra imanla aklandık. Tanrı'nın Sözünü duyarak günahın farkına vardık, doğru insanlar olduk, gerçek dışılığı söküp attık ve canlarımız gönenç içinde oldu. İlaveten, ışıkta ve doğrulukta yaşadığımız ve yürüdüğümüz ölçüde daha doğru insanlara dönüşeceğimizden, yaşamlarımızın her günü Tanrı tarafından değiştirilmeli ki bizlerde elçi Pavlus'un dile getirdiği gibi şu sözleri dile getirelim: *"her gün ölüyorum"* (1. Korintliler 15:31).

Her birinizi şu ana dek gelen yaşamlarınızı geriye dönük tahlil etmeye, sizinle Tanrı arasında bir duvarın durup durmadığını görmeye ve eğer var ise, onu hiç gecikmeden yıkmaya davet ediyorum.

Doğru kişiler görülmeniz, yaptığınız her iş de Tanrı'nın kutsamalarını almanız ve şartsız O'nu yüceltmeniz için her birinizin imanla itaat etmesi, sevgiyle fedakârlık yapması ve doğru insanlar olarak dua etmesini diliyor ve Rab'bimizin adıyla bunun için dua ediyorum.

6. Bölüm

Yeryüzünde Aranızda İki Kişi Anlaşırsa

Yine size şunu söyleyeyim,
yeryüzünde aranızdan iki kişi,
dileyecekleri herhangi bir şey için anlaşırlarsa,
göklerdeki Babam dileklerini yerine getirir.
Nerede iki ya da üç kişi benim adımla toplanırsa,
ben de orada, aralarındayım.

Matta 18:19-20

1. Tanrı, Anlaşmalı Duaları Kabul Etmekten Hoşnuttur

Bir Kore atasözü bizlere, "Bir yaprak kâğıdı bile birlikte kaldırmak daha iyidir" der. Bu eski vecize, bizlere bir kişinin kendini soyutlayıp ve her şeyi bir başına yapması yerine iki ya da daha fazla kişi bir arada çalışırsa etkinliğin çok daha yüksek olacağını ve daha iyi sonuçlar alınacağını öğretir. Kişinin komşularını ve kilise cemaatini sevmesini vurgulayan Hristiyanlık, bu hususta iyi bir örnek teşkil eder.

Vaiz 4:9-12 bize şöyle der: *"İki kişi bir kişiden iyidir, Çünkü emeklerine iyi karşılık alırlar. Biri düşerse, öteki kaldırır. Ama yalnız olup da düşenin vay haline! Onu kaldıran olmaz. Ayrıca iki kişi birlikte yatarsa, birbirini ısıtır. Ama tek başına yatan nasıl ısınabilir? Yalnız biri yenik düşer, Ama iki kişi direnebilir. Üç kat iplik kolay kolay kopmaz."* Bu ayetler, insanlar bir araya gelip yardımlaştığında büyük bir güç ve sevincin yaratılacağını bizlere öğretir.

Aynı şekilde Matta 18:19-20 ayetleri, inananların bir araya gelip dua da anlaşmalarının ne kadar önemli olduğunu bizlere öğretir. İnsanların kendi şahsi sorunları için ya da sessiz zamanlarda Söz üzerine tefekkür ettikleri "şahsi dualar" ile, insanların bir araya gelip birlikte Tanrı'ya yakardıkları "anlaşmalı dualar" vardır.

İsa'nın, "yeryüzünde aranızdan iki kişi anlaşırsa" ve "iki ya da üç kişi benim adımla toplanırsa" dediği gibi, anlaşmalı dua, tek bir zihinde pek çoklarının buluşması anlamına gelir. Tanrı, anlaşmalı duayı kabul ettiğinden hoşnut olduğunu söyler ve O'ndan dilediğimiz her şeyi yerine getireceğini ve Rab'bin adıyla toplanan iki ya da üç kişinin yanında olacağını vaat eder.

Evimizde, kilisemiz ve bir grup olarak toplandığımız her yerde anlaşmalı dua yoluyla Tanrı'dan aldığımız yanıtlarla Tanrı'yı nasıl yüceltebiliriz? Anlaşmalı duanın önem ve yöntemlerini şimdi derinden inceleyelim ve bu duanın gücünü gündelik ekmeğimiz yapalım ki, Tanrı'nın egemenliği, doğruluğu için ettiğimiz dualarla Tanrı'dan dilediğimiz her şeyi alabilelim ve O'nu çokça yüceltelim.

2. Anlaşmalı Duanın Önemi

Bu bölümün dayandırıldığı ayetlerin ilkinde İsa bize şöyle der: *"Yine size şunu söyleyeyim, yeryüzünde aranızdan iki kişi, dileyecekleri herhangi bir şey için anlaşırlarsa, göklerdeki Babam dileklerini yerine getirir"* (Matta 18:19). Burada biraz garip bir şey buluruz. "Tek" bir kişinin duası yerine "üç" veya "iki" kişiden bahsedilir. İsa niçin özellikle, "yeryüzünde aranızdan iki kişi, dileyecekleri herhangi bir şey için anlaşırlarsa" demiş ve "iki" kişi üzerine vurgu yapmıştır?

Burada "iki kişi", "ben" olan her birimizle geri kalan insanlardır. Diğer bir deyişle, "iki kişi", içinde siz olmak üzere tek kişi, on kişi, yüz kişi veya bin kişi olabilir.

Öyleyse "iki kişinin" ruhani anlamı nedir? İçimizde "kendimiz" olduğu gibi kendi karakterine has Kutsal Ruh'ta yaşar. Romalılar 8:26 ayetinde, *"Bunun gibi, Ruh da güçsüzlüğümüzde bize yardım eder. Ne için dua etmemiz gerektiğini bilmeyiz, ama Ruh'un kendisi, sözle anlatılamaz iniltilerle bizim için aracılık eder"* dendiği gibi, bizim için aracılık eden Kutsal Ruh'ta yüreklerimizi içinde yaşayabileceği bir tapınak haline getirir.

Tanrı'ya inandığımızda ve İsa'yı Kurtarıcımız olarak kabul ettiğimizde Tanrı'nın çocukları olarak adlandırılarak yetkinlik sahibi oluruz. Kutsal Ruh gelerek ilk günah yüzünden ölü olan ruhlarımızı diriltir. Bu sebeple, biz Tanrı'nın çocuklarının her birinde, kendi yüreğimiz ve bir de kendine has karakteri olan Kutsal Ruh vardır.

"Yeryüzünde aranızdan iki kişi", kendi yüreğimizin duasıyla Kutsal Ruh'un aracısı olduğu ruhumuzun duası anlamına gelir (1 Korintliler 14:15; Romalılar 8:26). "Yeryüzünde aranızdan iki kişi, dileyecekleri herhangi bir şey için anlaşırlarsa" demek, anlaşarak Tanrı'ya sunulan bu iki duadır. Dahası, Kutsal Ruh bir ya da birden fazla kişinin duasına katılırsa, bu, yeryüzünde "iki kişinin" diledikleri bir şey için anlaşmasıdır.

Anlaşılarak edilen duanın önemini hatırlayarak Rab'bin şu vaadinin yerine getirilmesini tecrübe edinmeliyiz: *"Yine size şunu söyleyeyim, yeryüzünde aranızdan iki kişi, dileyecekleri herhangi bir şey için anlaşırlarsa, göklerdeki Babam dileklerini yerine getirir."*

3. Anlaşmalı Duanın Yöntemleri

Tanrı, anlaşmalı duayı kabul etmekten hoşnutluk duyar; Böyle bir duayı hemen yanıtlar ve yüce işlerini ortaya koyar çünkü insanlar O'na tek yürek olup dua ederler.

Eğer Kutsal Ruh ve her birimiz tek bir yürek olup dua edersek, kesinlikle taşan bir sevincin, barışın ve Tanrı'yı sonsuz yüceltmenin kaynağı olacaktır. "Ateşten yanıtı" göklerden aşağı indirebilecek ve açıkça Yaşayan Tanrı'ya tanıklık edeceklerdir. Ancak "tek yürek" olmak kolay değildir ve yüreklerimizin anlaşmasını sağlamak çok önemlidir.

Farz edin ki bir kölenin iki sahibi olsun. Böyle bir kölenin sadakati ve hizmette yüreği doğal olarak ikiye bölünmüş olmaz mıydı? Sorun, kölenin iki sahibinin farklı kişilikleri ve zevkleri olduğunda çok daha ciddi bir hal alırdı.

Yine farz edin ki iki kişi bir olay için planlar yapıyor olsun. Eğer hem fikir olmak yerine kendi fikirleri yüzünden bölünmüşlerse, olayların pekte yolunda gitmeyeceği sonucuna varmak temkinli bir yaklaşım olurdu. Dahası, eğer bu iki kişi yüreklerinde biri bir hedefe ve diğer bir başka hedefe yönelerek kendi işlerini ortaya koydukları takdirde planlamaları belki dışarıdan hoş görünebilirdi ama sonuç aşikâr olarak kendini gösterirdi. Bu sebeple, ister bir başınıza dua edin ya da bir ve birden fazla kişiyle dua edin, tek bir yürek olabilmek Tanrı'nın yanıtını alabilmek için anahtardır.

Öyleyse dua da nasıl tek bir yürek olabiliriz?

Anlaşarak dua eden insanlar, Kutsal Ruh'un esinlemesiyle dua etmeli, Kutsal Ruh tarafından tutsak alınmalı, Kutsal Ruh ile bir olmalı ve Kutsal Ruh'un yönetiminde dua etmelidirler (Efesliler 6:18). Kutsal Ruh, Tanrı'nın zihnini Kendinde taşıdığından, her şeyi, Tanrı'nın derin düşüncelerini bile araştırır (1. Korintliler 2:10) ve Tanrı'nın isteği uyarınca kutsallar için aracılık eder (Romalılar 8:27). Kutsal Ruh'un yönetiminde dua ettiğimizde, Tanrı, dualarımızı kabul etmekten hoşnut olur, bize dilediklerimizi ve hatta yüreklerimizin arzularını bile verir.

Kutsal Ruh ile dopdolu dua edebilmek için, hiçbir kuşku duymadan Tanrı'nın sözüne inanmalı, gerçeğe itaat etmeli, her zaman sevinç içinde olmalı, sürekli dua etmeli ve her koşulda şükran içinde olmalıyız. Ayrıca yürekten Tanrı'ya seslenmeliyiz. Eylemlerin eşlik ettiği imanı Tanrı'ya gösterdiğimizde ve dua da güreştiğimizde, Tanrı hoşnuttur ve Kutsal Ruh aracılığıyla bizleri sevince boğar. Buna, Kutsal Ruh ile "dolmak" ve Kutsal Ruh'un "esinlemesini almak" denir.

Bazı yeni inananlar veya düzenli olarak dua etmeyenler henüz duanın gücünü almamışlardır ve bu sebeple anlaşmalı duayı zor ve zahmetli bulurlar. Böyle kişiler bir saat dua etmeye teşebbüs etseler, bir yığın dua konusu bulmaya çalışır ama bir saat boyunca dua etmeyi beceremezler. Yorgun ve bitkin düşer, sıkıntı içinde zamanın hemen geçip gitmesini bekler ve dualarını mırıltıyla sonlandırırlar. Böylesi bir dua, Tanrı'nın yanıtlayamayacağı "canın duasıdır."

On senedir kiliseye geliyor olsalar da pek çok kişinin duası hala bu çeşit bir duadır. Tanrı'dan yanıt alamadıkları için yakınan veya hevesleri kırılan insanların pek çoğunun yanıt alamamasının sebebi dualarının canın duası olmasıdır. Ancak bu, Tanrı'nın onların duasına sırtını döndüğü anlamına gelmez. Tanrı, onların dualarını duyar ama sadece yanıtlamaz.

Bazıları şu soruyu yöneltebilirler: "Kutsal Ruh'un esinlemesiyle dua etmediğimiz için dualarımızın bir anlamı yok mu?" Ama durum hiçte böyle değildir. Düşüncelerde dua ediyor olsalar bile, Tanrı'ya gayretle seslendiklerinden duanın kapıları açılır, duanın gücünü alır ve sonunda ruhta dua etmeye başlarlar. Dua edilmeksizin, duanın kapıları açılmaz. Tanrı, canın duasını bile dinlediğinden, bir kere duanın kapıları açıldı mı Kutsal Ruh ile birleşir, O'nun esinlemesiyle dua etmeye başlar ve geçmişte dilediklerinizin yanıtlarını alırsınız.

Farz edin ki babasını hoşnut etmeyen bir oğul olsun. Oğul, eylemleriyle babasını hoşnut etmediğinden, babasından dilediği hiçbir şeyi alamaz. Ama bir gün babasını eylemleriyle hoşnut etmeye ve baba da oğlunu yakın bulmaya başlarsa, aynı baba şimdi oğluna nasıl muamele ederdi? Hatırlayın ki onların ilişkileri artık geçmişte ki gibi değildir. Baba, oğlunun kendisinden dilediklerini vermeyi arzulamakla kalmaz ama hatta geçmişte istediklerini de vermeyi ister.

Tıpkı bu örnekte ki gibi, dualarımız düşüncelerimizden gelse de, bu dualar biriktiği zaman duanın gücünün alır ve duanın kapıları açıldığından Tanrı'yı hoşnut edecek şekilde dua etmeye başlarız. Hatta ve hatta geçmişte Tanrı'dan dilediğimiz şeyleri bile alır ve Tanrı'nın tek bir önemsiz şeyi bile boşlamadığını kavrarız.

Dahası, Kutsal Ruh'la dopdolu olarak ruhta dua ettiğimiz zaman, ne yorgun düşecek ne de uykuya ve dünyevi düşüncelere yenilmeyecek ama iman ve sevinçle dua edeceğiz. İşte bir grup insan, tek bir zihin ve istekle ruhta ve sevgide böyle anlaşarak dua ederler.

Bu bölümün dayandığı ayetlerin ikincisinde şunu okuruz: *"Nerede iki ya da üç kişi benim adımla toplanırsa, ben de orada, aralarındayım"* (Matta 18:20). İnsanlar, İsa Mesih'in adıyla dua etmek için bir araya geldiklerinde, Kutsal Ruh'u alan Tanrı'nın çocukları olarak anlaşarak dua etmenin özünü meydana getirirler ve Rab'bimiz kesinlikle onlarla birliktedir. Diğer bir deyişle, Kutsal Ruh'u alan bir grup insan bir araya gelip anlaşarak dua ettiklerinde Rab'bimiz onların her birinin zihninden geçenleri görecek, onları birleştirecek ve duaları Tanrı'yı hoşnut eden dua olsun diye onları tek bir zihin olmaya yöneltecektir.

Ancak eğer bir grup insan bir araya gelemez ve tek bir yürek olamazlarsa, bir bütün olarak anlaşarak dua edemezler ve hatta aynı hedef için olsa dahi yürekten dua edemezler çünkü grupta ki bireylerin yürekleri birbirleriyle anlaşma içinde değildir. Eğer grupta ki kişilerin yürekleri tek bir yürek olarak birleşemezse, grubun lideri ilahiler ve tövbe için bir zaman ayırmalıdır ki bir araya gelen insanların yürekleri Kutsal Ruh ile tek bir yürek olsun.

Kutsal Ruh ile bir olduklarında, Rab'bimiz grupta ki her bir bireyin yüreğini önceden görürken ve yönlendirirken, dua eden insanlarla olacaktır. İnsanların duaları anlaşma içinde olmadığı zaman, Rab'bimizin bu tür bireylerin yanında olmayacağı anlaşılmalıdır.

İnsanlar, Kutsal Ruh ile bir olduklarında ve anlaşarak dua ettiklerinde, herkes yürekten dua eder, Kutsal Ruh ile dolar, bedenleri ter içinde kalır ve yukarılardan gelen sevinç rüzgârları onları sarmalarken diledikleri her şeyin yanıtını Tanrı'dan alacaklarına emin olurlar. Rab'bimiz bu şekilde dua edenlerin yanında olur ve böyle bir dua, Tanrı'nın tam da hoşnut olduğu dua şeklidir.

Ümit ediyorum ki Kutsal Ruh ile dopdolu ve yürekten anlaşarak dua ederek, dilediğiniz her duanın yanıtını alasınız ve gerek kilisenizde gerekse evinizde bir araya geldiğiniz kişilerle böylece Tanrı'yı yüceltebilesiniz.

Anlaşarak Yapılan Duanın Büyük Gücü

Anlaşarak yapılan duanın yararlarından biri, insanların Tanrı'dan alacakları yanıtın hız farkı ve O'nun ortaya koyacağı iştir çünkü aynı istek için bir kişinin yaptığı 30 dakikalık duayla on kişinin yaptığı 30 dakikalık dua arasında muazzam bir fark vardır. İnsanlar anlaşarak dua ettiğinde ve Tanrı onların dualarını hoşnutlukla kabul ettiğinde, Tanrı'nın işlerinin ve duanın muazzam gücünün inkâr edilemez şekilde ortaya konuşunu tecrübe edineceklerdir.

Elçilerin İşleri 1:12-15 ayetlerinde Rab'bimiz dirildikten ve göğe yükseldikten sonra, içlerinde O'nun öğrencilerinin de bulunduğu bir grubu sürekli dua ederken buluruz. Bu grupta dua eden insanların sayısı yüz yirmiydi. İsa'nın kendilerine vaat ettiği Kutsal Ruh'u almanın içten umuduyla, bu insanlar pentikost gününe dek anlaşarak dua etmek için bir araya geldiler.

Pentikost Günü geldiğinde bütün imanlılar bir arada bulunuyordu. Ansızın gökten, güçlü bir rüzgarın esişini andıran bir ses geldi ve bulundukları evi tümüyle doldurdu. Ateşten dillere benzer bir şeylerin dağılıp her birinin üzerine indiğini gördüler. İmanlıların hepsi Kutsal Ruh'la doldular, Ruh'un onları konuşturduğu başka dillerle konuşmaya başladılar (Elçilerin İşleri 2:1-4).

Tanrı'nın bu işi ne harika! Anlaşmalı dua ederlerken bir araya gelmiş bu yüz yirmi insandan her biri Kutsal Ruh'u aldı ve başka dillerle konuşmaya başladı. Elçilerde Tanrı'dan büyük bir güç aldılar; Petrus aracılığıyla İsa Mesih'i kabul eden ve vaftiz olanların sayısı yaklaşık üç bindi (Elçilerin İşleri 2:41). Elçiler tarafından hemen hemen her türlü mucizevi belirtiler ve harikalar ortaya konduğundan, inananların sayısı her geçen gün arttı ve yaşamları da değişmeye başladı (Elçilerin İşleri 2:43-47).

Kurul üyeleri, Petrus'la Yuhanna'nın yürekliliğini görüp de bunların eğitim görmemiş, sıradan kişiler olduklarını anlayınca şaştılar ve onların İsa'yla birlikte bulunduklarını farkettiler. İyileştirilen adam, Petrus ve Yuhanna'yla birlikte gözleri önünde duruyordu; bunun için hiçbir karşılık veremediler (Elçilerin İşleri 4:13-14).

Elçilerin aracılığıyla halk arasında birçok belirtiler ve harikalar yapılıyordu. İmanlıların hepsi Süleyman'ın Eyvanı'nda toplanıyordu. Halk onlara büyük saygı duyduğu halde, dışarıdan hiç kimse onlara katılmayı göze alamıyordu. Buna karşın, Rab'be inanıp topluluğa katılan erkek ve kadınların sayısı giderek arttı. Bütün bunların sonucu, yoldan geçen Petrus'un hiç değilse gölgesi bazılarının üzerine düşsün diye halk, hasta olanları caddelere çıkartıp şilteler ve döşekler üzerine yatırır oldu. Yeruşalim'in çevresindeki kasabalardan da kalabalıklar geliyor, hastaları ve kötü ruhlardan acı çekenleri getiriyorlardı. Bunların hepsi iyileştirildi (Elçilerin İşleri 5:12-16).

Elçilerin cesurca sözü duyurmalarını, körlere, sakatlara ve zayıf olanlara şifa vermelerini, ölüyü diriltmelerini, her türlü hastalığı iyileştirmelerini ve kötü ruhları kovmalarını sağlayan, anlaşarak yaptıkları duanın gücüydü.

Bir sonra ki satırlar Hristiyanlara yapılan zulme damgasını vuran Hirodes (Agrippa I) hükümdarlığı sırasında tutuklanan Petrus ile ilgilidir. Elçilerin İşleri 12:5 ayetinde şunu buluruz: *"Bu nedenle Petrus hapiste tutuldu. Ama inanlılar topluluğu onun için Tanrı'ya hararetle dua ediyordu."* Petrus çift zincirle bağlı olarak uykudayken, kilise anlaşarak Petrus için dua ediyordu. Tanrı, kilisenin duasını duyduktan sonra, Petrus'u kurtarması için meleğini gönderdi.

Petrus, Hirodes'in kendisini yargılayacağı günden önceki gece, çift zincirle bağlı olarak iki askerin arasında uyuyordu (Elçilerin İşleri 12:6). Ancak Tanrı, Petrus'u bağlayan zincirlerin bileklerinden düşmesini ve zindanın demir kapısının açılmasını sağlayarak Gücünü ortaya koydu (Elçilerin İşleri 12:7-10). Petrus Markos diye tanınan Yuhanna'nın annesi Meryem'in evine gittiğinde, orada birçok kişiyi toplanmış kendisi için dua ederken buldu (Elçilerin İşleri 12:12). Böylesi mucizevî bir iş, kilisenin anlaşarak dua etmesinin bir sonucuydu.

Tutuklanmış Petrus için tüm kilisenin yaptığı, anlaşarak dua etmekti. Aynı şekilde bir sıkıntı kiliseyi sardığında veya hastalık gelip inananları vurduğunda, insani düşüncelere kapılıp, endişe duyup kaygılanmaktan ziyade Tanrı'nın çocukları öncelikle ellerinde mevcut tüm sorunları Tanrı'nın çözeceğine inanmalı ve zihinde bir olarak anlaşarak dua etmelidir.

Tanrı, kilisenin anlaşarak dua etmesine büyük ilgi duyar, bu tür dualardan hoşnut olur ve böyle bir duayı mucizevî işleriyle yanıtlar. Çocuklarını O'nun egemenliği ve doğruluğu için anlaşarak dua ederken gördüğünde Tanrı'nın nasıl hoşnut olacağını tasavvur edebiliyor musunuz?

İnsanlar, Kutsal Ruh ile dolduklarında, anlaşarak dua etmek için bir araya toplandıklarında ve ruhta dua ettiklerinde, Tanrı'nın büyük işlerini tecrübe edineceklerdir. Tanrı'nın sözüyle yaşama gücünü alacak, tıpkı erken kiliseler ve elçiler gibi yaşayan Tanrı'ya tanıklık edecek, Tanrı'nın egemenliğini genişletecek ve diledikleri her şeyin yanıtını alacaklardır.

Anlaşarak dilediğimizde ve dua ettiğimizde Tanrı'nın bizleri yanıtlayacağını vaat ettiğini lütfen aklınızda tutunuz. Her birinizin anlaşarak dua etmenin anlamını tamamıyla anlayarak ve gayretle İsa Mesih'in adıyla dua edenlerle bir araya gelerek anlaşmalı duanın büyük gücünü ilk elden tecrübe edinmeniz, duanın gücünü almanız ve yaşayan Tanrı'ya tanıklık eden değerli işçiler olmanız için Rab'bimizin adıyla dua ediyorum.

7. Bölüm

Her Zaman Dua Edin ve Vazgeçmeyim

İsa öğrencilerine, hiç usanmadan,
her zaman dua etmeleri gerektiğini
belirten şu benzetmeyi anlattı:

"Kentin birinde Tanrı'dan korkmayan,
insana saygı duymayan bir yargıç vardı.
Yine o kentte bir dul kadın vardı. Yargıca sürekli gidip,
'Davacı olduğum kişiden hakkımı al' diyordu.
Yargıç bir süre ilgisiz kaldı; Ama sonunda kendi kendine,
'Ben her ne kadar Tanrı'dan korkmaz,
insana saygı duymazsam da,
bu dul kadın beni rahatsız ettiği için hakkını alacağım.
Yoksa sürekli gelip beni canımdan bezdirecek' dedi."

Rab şöyle devam etti:
"Adaletsiz yargıcın ne söylediğini duydunuz.
Tanrı da, gece gündüz kendisine yakaran seçilmişlerinin
hakkını almayacak mı? Onları çok bekletecek mi?
Size şunu söyleyeyim, onların hakkını tez alacaktır.
Ama İnsanoğlu geldiği zaman
acaba yeryüzünde iman bulacak mı?"

Luka 18:1-8

1. Israrcı Kadınla İlgili Benzetme

İsa, Tanrı sözünü birçok benzetmeyle halkın anlayabildiği ölçüde anlatırdı (Markos 4:33-34). Bu bölümün dayandırıldığı "Israrcı Kadınla İlgili Benzetme" bizleri ısrarla dua etmenin önemi, her zaman nasıl vazgeçmeden dua etmemiz gerektiği hususunda aydınlatır.

Tanrı'dan yanıt alabilmek için ettiğiniz dualarda ne kadar ısrarcısınız? Dualarınıza ara veriyor musunuz ya da Tanrı'dan henüz yanıt almadığınız için vazgeçtiniz mi?

Hayatta gerek büyük gerek ise küçük, sayısız sorun ve meseleler vardır. İnsanlara İncil'i öğrettiğimizde ve yaşayan Tanrı'yı onlara anlattığımızda, Tanrı'yı arayan bazıları sorunlarını çözmek ve yine bazıları da yüreklerde huzuru bulmak için kiliseye gelmeye başlarlar.

İnsanlar, kiliseye ne sebeple geliyor olurlarsa olsunlar, Tanrı'ya ibadet ettikçe ve İsa Mesih'i kabul ettikçe Tanrı'nın çocukları olarak diledikleri her şeyi alacaklarını öğrenir ve duanın insanlarına dönüşürler.

Dolayısıyla Tanrı'nın tüm çocukları, Tanrı'yı hoşnut eden dua şeklini O'nun Sözü aracılığıyla öğrenmeli, duanın gerekliliklerine uygun olarak dua etmeli ve Tanrı'nın yanıtlarının meyvesini alana dek sebatkâr bir imanla dua etmelidirler. Bu sebeple, imanı olan insanlar, duanın önemini bilmekte ve sürekli dua etmektedirler. Hemen yanıt almasalar da onlar duadan vazgeçme günahını işlemezler. Vazgeçmek yerine daha da kendilerini adayarak dua ederler.

Ancak böyle bir imanla insanlar Tanrı'dan yanıt alır ve O'nu yüceltir. Ancak pek çok insan inandıklarını dile getirse de, böylesi büyük bir imana sahip insanlar bulmak zordur. Bu nedenle Rab'bimiz kederle şöyle sorar: *"İnsanoğlu geldiği zaman acaba yeryüzünde iman bulacak mı?"* (Luka 18:8)

Kentin birinde bir dulun sürekli gidip geldiği ve "Davacı olduğum kişiden hakkımı al " diye yalvardığı ahlakı bozuk bir yargıç vardı. Bu ahlakı bozuk yargıç rüşvet bekliyordu ama fakir dulun teşekkürlerini sunmak için dahi yargıca verebileceği kuruşu yoktu. Ama dul sürekli yargıca gidip geliyor ve ona yalvarıyor, yargıç ise dulun ricasını sürekli reddediyordu. Böyle sürerken bir gün yargıcın yüreği değişti. Neden olduğunu biliyor musunuz? Bakın ahlakı bozuk yargıç kendi kendine neler demiş:

"Ben her ne kadar Tanrı'dan korkmaz, insana saygı duymazsam da, bu dul kadın beni rahatsız ettiği için hakkını alacağım. Yoksa sürekli gelip beni canımdan bezdirecek!" (Luka 18:4-5)

Dul asla vazgeçmediğinden ve ricasını yargıca tekrarlamak için gidip geldiğinden, bu kötü yargıç bile kendisini sürekli rahatsız eden dulun dileklerine karşı koyamadı.

Bu benzetmenin sonunda İsa bizlere Tanrı'dan nasıl yanıt alacağımızın anahtarını verir ve şöyle der: *"Tanrı da, gece gündüz kendisine yakaran seçilmişlerinin hakkını almayacak mı? Onları çok bekletecek mi? Size şunu söyleyeyim, onların hakkını tez alacaktır"* (6-8. ayetler).

Eğer bu ahlaksız yargıç dulun ricasını dinlediyse, doğru olan Tanrı nasıl olurda çocuklarının seslenişini yanıtlamaz? Sorunlarına yanıt almak için adak tutup oruç tutar, tüm gece uyanık kalır ve dualarında güreş tutarlarsa, Tanrı nasıl olurda onları hemen yanıtlamaz? Eminim ki pek çoğunuz adak tutarak dua eden pek çok insanın yanıt aldığını duymuşsunuzdur.

Mezmurlar 50:15 ayetinde Tanrı bize şöyle der: *"Sıkıntılı gününde seslen bana, Seni kurtarırım, sen de beni yüceltirsin."* Diğer bir deyişle, Tanrı, dualarımızı yanıtlayarak Kendisini yüceltmemizi ister. İsa bizlere Matta 7:11'de şunu hatırlatır: *"Sizler kötü yürekli olduğunuz halde çocuklarınıza güzel armağanlar vermeyi biliyorsanız, göklerdeki Babanız'ın, kendisinden dileyenlere güzel armağanlar vereceği çok daha kesin değil mi?"* Esirgemeden Tek ve Yegane Oğlu'nun bizim için ölmesine izin veren Tanrı, nasıl olurda Sevgili çocuklarının duasını yanıtlamaz? Tanrı, Kendisini seven Çocuklarının dualarını hemen yanıtlamayı arzular.

Öyleyse neden bazı insanlar, dua etmelerine rağmen yanıt alamadıklarını söylerler? Tanrı'nın Sözü Matta 7:7-8'de üstüne basa basa bize şöyle der: *"Dileyin, size verilecek; arayın, bulacaksınız; kapıyı çalın, size açılacaktır; Çünkü her dileyen alır, arayan bulur, kapı çalana açılır."* Dolayısıyla dualarımızın yanıtlanmaması imkânsızdır. Ancak Tanrı ile aramızda duran duvar yüzünden, yeterince dua etmememizden veya dualarımızın yanıt bulacağı zaman henüz gelmediğinden Tanrı, dualarımızı yanıtlayamaz.

Hiç vazgeçmeden sürekli dua etmeliyiz çünkü direndiğimizde ve imanla dua etmeye devam ettiğimizde, Kutsal Ruh, Tanrı ile aramızda olan duvarı yıkar ve tövbe yoluyla Tanrı'nın yanıtlarına çıkan yolu açar. Dualarımızın miktarı Tanrı'nın gözlerinde yeterli göründüğünde, bizi kesinlikle yanıtlayacaktır.

Luka 11:5-8 ayetlerinde İsa bizlere tekrar tekrar sebatı ve ısrarı öğretir:

> *Sizlerden birinin bir arkadaşı olur da gece yarısı ona gidip, 'Arkadaş, bana üç ekmek ödünç ver. Bir arkadaşım yoldan geldi, önüne koyacak bir şeyim yok' derse, öbürü içerden, 'Beni rahatsız etme! Kapı kilitli, çocuklarım da yanımda yatıyor. Kalkıp sana bir şey veremem' der mi hiç? Size şunu söyleyeyim, arkadaşlık gereği kalkıp ona istediğini vermese bile, adamın yüzsüzlüğünden ötürü kalkar, ihtiyacı neyse ona verir.*

İsa bizlere Tanrı'nın, Çocuklarını yanıtsız bırakmadığını ama ısrarlarına yanıt verdiğini öğretir. Tanrı'ya dua ettiğimizde, cesurca ve sebatla dua etmeliyiz. Bu, sadece talep etmeniz demek değildir ama imanla ve emin olma duygusuyla dua etmeniz ve dilemenizdir. Kutsal Kitap sıklıkla böylesi bir duayla yanıtlar alan imanın atalarından bahseder.

Yakup, gün doğumuna kadar Yabbuk Irmağı kıyısında bir melekle güreş tuttuktan sonra, içtenlikle dua etti ve *"Beni kutsamadıkça seni bırakmam"* (Yaratılış 32:26) diyerek kutsama talep etti ve Tanrı'da Yakup'un kutsanmasına izin verdi. O andan itibaren Yakup, "İsrail" adını aldı ve İsraillilerin atası oldu.

Matta 15'de kızı kötü ruhu kapılmış olan Kenanlı bir kadın önce İsa'ya gelerek şöyle feryat etti: *"Ya Rab, ey Davut Oğlu, halime acı! Kızım cine tutuldu, çok kötü durumda."* Ama İsa kadına hiçbir karşılık vermedi (Matta 15:22-23). Kadın dizlerinin üzerine kapanarak bu sefer O'na yalvardı ve bunun üzerine İsa şöyle dedi: *"Ben yalnız İsrail halkının kaybolmuş koyunlarına gönderildim"* ve kadının ricasını reddetti (Matta 15:25-26). Ama kadın bir kez daha ısrarla İsa'dan istediğinde ve, *"Haklısın, ya Rab Ama köpekler de efendilerinin sofrasından düşen kırıntıları yer"* dediğinde, İsa kadını şöyle yanıtladı: *"Ey kadın, imanın büyük! Dilediğin gibi olsun"* (Matta 15:27-28).

Aynı şekilde bizlerde Tanrı'nın sözüne uygun olarak imanın atalarının adımlarını izlemeli ve her zaman dua etmeliyiz. Kesinliğinden emin olduğumuz bir duygu ve kendini adamış bir yürekle ve imanla dua etmeliyiz. İmanımıza uygun olarak Tanrı uygun bir zamanda biçmemize izin verir. Hiç vazgeçmeden dua yaşantımızda Mesih'in gerçek takipçileri olmalıyız.

2. Niçin Her Zaman Dua Etmeliyiz?

İnsan nasıl nefes alıp vermeden yaşamını sürdüremezse, Kutsal Ruh'u alan Tanrı'nın çocukları da dua etmeden sonsuz yaşama erişemezler. Dua, yaşayan Tanrı ile bir diyalog ve ruhumuzun nefesidir. Eğer Kutsal Ruh'u alan Tanrı'nın çocukları O'nunla iletişim kurmuyorsa, Kutsal Ruh'un ateşi sönecek ve böylece yaşam yolunda yürümek yerine ölüm yoluna sapacak ve sonunda da kurtuluşa erişemeyeceklerdir.

Ancak dua, Tanrı ile iletişimi tesis ettiğinden, bizler Kutsal Ruh'un sesini duyarak kurtuluşa varacak, Tanrı'nın isteğini öğrenecek ve O'na göre yaşayacağız. Önümüze zorluklar çıksa dahi, Tanrı bizlere kaçınacağımız bir yol verecektir. Ayrıca her şeyde iyiliğimiz içinde çalışacaktır. Düşman şeytanla yüzleşmek ve onun üstesinden gelmek için bizleri güçlendiren her şeye gücü yeten Tanrı'nın gücünü duayla tecrübe ediniriz. Böylece imkânsızı, imkân dâhiline sokan kararlı imanımızla O'nu yüceltiriz.

Kutsal Kitap bizlere sürekli dua etmemizi (1. Selanikliler 5:17) ve bunun "Tanrı'nın isteği" olduğunu söyler (1.

Selanikliler 5:18). İsa, zamana ve mekâna aldırış etmeden sürekli Tanrı'nın isteğine uygun dua ederek bize uygun bir duanın örneğini sunmuştur. Çölde, dağda ve pek çok farklı yerde gece-gündüz demeden dua etmiştir. İmanlı atalarımız sürekli dua ederek Tanrı'nın isteğine göre yaşamışlardır. Peygamber Samuel şöyle der: *"Bana gelince, sizin için RAB'be yalvarmaktan vazgeçip O'na karşı günah işlemek benden uzak olsun! Ancak size iyi ve doğru yolu öğreteceğim"* (1. Samuel 12:23). Dua, Tanrı'nın isteği ve buyruğudur; Samuel bizlere duadan vazgeçmenin günah olduğunu söyler.

Dua etmediğimiz ya da dualarımıza ara verdiğimizde, dünyevi düşünceler zihinlerimize nüfuz eder ve bizlerin Tanrı'nın isteğine göre yaşamasına engel olur; Tanrı'nın koruması altında olmadığımızdan sorunlarla yüzleşiriz. Ve insanlar ayartılırsa Tanrı'ya karşı homurdanmaya başlar ve O'nun yolundan daha da fazla saparlar.

Bu sebeple 1. Petrus 5:8-9 ayetleri bize şunu hatırlatır: *"Ayık ve uyanık olun. Düşmanınız İblis kükreyen aslan gibi yutacak birini arayarak dolaşıyor. Dünyanın her yerindeki kardeşlerinizin de aynı acıları çektiğini bilerek imanda sarsılmadan İblis'e karşı direnin."* Ve her zaman dua etmemizi öğütler. Sadece sorunlarımız olduğunda değil ama her zaman dua edelim ki yaşamlarında her şeyin yolunda gittiği Tanrı'nın kutsanmış çocukları olalım.

3. Uygun Bir Vakit Hasadı Alacağız

Galatyalılar 6:9 şöyle der: *"İyilik yapmaktan usanmayalım. Gevşemezsek mevsiminde biçeriz."* Aynı şey dua içinde geçerlidir. Hiç vazgeçmeden Tanrı'nın isteğine göre her daim dua ettiğimizde, uygun bir vakitte hasadı alacağız.

Eğer çiftçi ektikten hemen sonra sabırsızlanır ve tohumu toprağı kazarak çıkarırsa veya filizlenmesiyle ilgilenmeyip beklemez ise hasadı almaya çabalamanın ne anlamı olabilir? Dualarımıza yanıt alana dek, kendini adama ve sebat gereklidir.

Dahası hasat zamanı, ekilen tohumların çeşidine göre farklılık gösterir. Bazı tohumlar birkaç ay içinde meyve verirken diğerlerinin meyve vermesi yıllar alır. Sebzeler ve tahıllar, elmalardan veya ginseng gibi nadir bitkilerden çok daha çabuk hasat verirler. Mahsuller ne kadar değerli ve pahalı ise, onların hasadı da o kadar fazla zaman ve adama alır.

Çok daha büyük ve çok daha ciddi sorunlarınız için daha fazla dua etmeniz gerektiğini kavramalısınız. Peygamber Daniel, İsrail'in geleceğiyle ilgili bir görüm gördüğünde, üç hafta boyunca yas tuttu ve dua etti; Tanrı, Daniel'in duasını ilk gün duydu ve peygamberin bundan haberi olsun diye bir melek gönderdi (Daniel 10:12). Ancak hava gücünün prensi yirmi bir gün meleğe karşı durduğundan, melek son gün Daniel'e gelebildi ve ancak o zaman Daniel emin olabildi (Daniel 10:13-14).

Daniel duayı terk edip vazgeçmiş olsaydı neler olurdu?

Görümü gördükten sonra ıstırap içinde olmasına ve gücünü kaybetmesine rağmen Daniel duasına sıkıca sarıldı ve sonunda Tanrı'dan yanıt aldı.

İmanla direndiğimizde ve Tanrı'nın yanıtlarını alana dek dua ettiğimizde, Tanrı bize yardımcı gönderir ve Yanıtlarına yönlendirir. Bu sebeple Daniel'e Tanrı'nın yanıtlarını getiren melek şöyle dedi: *"Pers krallığının önderi yirmi bir gün bana karşı durdu. Sonra baş önderlerden Mikail bana yardıma geldi, çünkü orada, Pers krallarının yanında alıkonulmuştum. Son günlerde halkının başına neler geleceğini sana açıklamak için geldim şimdi, çünkü bu görüm gelecekle ilgilidir"* (Daniel 10:13-14).

Ne tarz sorunlar için dua ediyorsunuz? Duanız Tanrı'nın tahtına ulaşan tipte bir dua mı? Tanrı'nın kendine gösterdiği görümü anlayabilmek için, Daniel, üç hafta dolana dek ağzına ne güzel bir yiyecek ya da et koydu, ne şarap içti, ne de yağ sürdü ama kendini alçakgönüllü bir hale indirdi (Daniel 10:3). Üç haftalık bu adak boyunca Daniel kendini alçakgönüllü kıldığından, Tanrı onun duasını işitti ve ilk gün yanıtladı.

Burada bir önemli noktaya dikkat ediniz. Tanrı, Daniel'in duasını ilk gün duyup yanıtlamasına rağmen, Tanrı'nın yanıtlarının Daniel'e ulaşması üç hafta aldı. Ciddi bir sorunla karşılaşan pek çok insan bir ya da iki gün dua ettikten sonra çabucak vazgeçerler. Bu tür bir uygulama onların kıt imanlarının ispatıdır.

Bu gün neslimiz için en çok ihtiyacımız olan şey, Tanrı'nın yanıtını ne vakit alacak olursak olalım, bizleri kesinlikle yanıtlayacağına inandığımız tek Tanrı'mıza olan yüreğimiz, sebatımız ve duamızdır. Sebat etmeden Tanrı'nın yanıtlarını alacağımızı nasıl bekleyebiliriz?

Sonbahar ve ilkbahar yağmurlarını Tanrı mevsiminde verir ve ürün biçme zamanını koyar (Yeremya 5:24). Bu sebeple İsa bizlere söylemiştir: *"Bunun için size diyorum ki, duayla dilediğiniz her şeyi daha şimdiden almış olduğunuza inanın, dileğiniz yerine gelecektir"* (Markos 11:24). Daniel, dualarını yanıtlayan Tanrı'ya inandığı için sebat etti ve Tanrı'nın yanıtını alana dek hiç ara vermeden dua etti.

Kutsal Kitap bize şöyle der: *"İman, umut edilenlere güvenmek, görünmeyen şeylerin varlığından emin olmaktır"* (İbraniler 11:1). Eğer biri Tanrı'nın yanıtını henüz almadığı için dua etmekten vazgeçmiş ise, imanı olduğunu veya Tanrı'nın yanıtlarını alacağını düşünmemelidir. Gerçek bir imanı olsaydı, şu an ki mevcut koşullar altında yaşayacağına hiç vazgeçmeden sürekli dua ederdi. Ektiklerimizi biçmemize izin veren Tanrı'ya inananları Tanrı kesinlikle yanıtlayacaktır.

Efesliler 5:7-8 ayetlerinde, *"Onun için böyleleriyle oturup kalkmayın; Bir zamanlar karanlıktınız, ama şimdi Rab'de ışıksınız. Işık çocukları olarak yaşayın"* dendiği gibi, her birinizin gerçek imana sahip olması, her şeye gücü yeten Tanrı'ya sebatla dua etmesi, dualarınızda dilediğiniz her şeyin yanıtını alması ve Tanrı'nın kutsamalarıyla dopdolu bir hayat sürmesi için Rab'bimiz İsa Mesih'in adıyla dua ediyorum.

Yazar:
Dr. Jaerock Lee

Dr. Jaerock Lee, 1943 yılında Kore Cumhuriyeti'nin Jeonnam eyaletine bağlı Muan'da doğdu. Yirmili yaşlarında yedi yıl süren ve tedavisi mümkün olmayan birçok hastalıktan çekti ve iyileşme umudu olmadan ölümü bekledi. Fakat 1947 yılının bir bahar gününde, kız kardeşi tarafından bir kiliseye götürüldü ve orada dizlerinin üzerine dua etmek için çöktüğü anda, Yaşayan Tanrı, O'nu tüm hastalıklarından bir anda iyileştirdi.

Dr. Lee, bu olağanüstü tecrübenin akabinde karşılaştığı Yaşayan Tanrı'yı o andan itibaren tüm kalbi ve samimiyetiyle sevdi ve 1978 yılında Tanrı'ya hizmet için göreve çağrıldı. Tanrı'nın isteğini tüm berraklığıyla anlayabilmek, bütünüyle yerine getirmek için kendini adayarak dua etti ve Tanrı'nın Sözüne itaat etti. 1982 senesinde Seul, Kore'de Manmin kilisesini kurdu ve bu kilisede mucizevî şifa, belirti ve harikalar gibi Tanrı'nın sayısız işleri meydana gelmektedir.

Dr. Lee, 1986 yılında Kore İsa'nın Sungkyul kilisesinin senelik toplantısında papazlığa atandı ve 1990 yılında vaazları Avustralya, Rusya ve Filipinlerde yayınlanmaya başladı; Uzakdoğu Radyo Yayın Şirketi, Asya Radyo İstasyonu ve Washington Hristiyan Radyo Sistem yayıncılık şirketleri vesilesiyle kısa zamanda pek çok ülkeye daha ulaşıldı.

1993 yılında Manmin Kilisesi Hristiyan Dünya dergisi (ABD) tarafından "Dünyanın önde gelen 50 Kilisesi"nden biri seçildi ve Dr. Lee, Florida, ABD'de bulunan Christian Faith Üniversitesi İlahiyat Fakültesinden fahri doktora derecesini aldı. 1996 yılında ise Iowa, ABD Kingsway Theological Seminary'de papazlık üzerine doktorasını yaptı.

1993 yılından beri Dr. Lee, Tanzanya, Arjantin, Los Angeles, Baltimore City, Hawaii ve ABD New York, Uganda, Japonya, Pakistan, Kenya, Filipinler, Honduras, Hindistan, Rusya, Almanya, Peru, Kongo Demokratik Cumhuriyeti, İsrail ve Estonya olmak üzere pek çok yurtdışı misyonerlik faaliyetiyle dünyaya İncil'in müjdesini duyurmaktadır.

2002 yılında, çeşitli yurtdışı misyon faaliyetlerindeki güçlü vaizliği için, Kore'nin önde gelen Hristiyan gazeteleri tarafından "Dünya Çapında Dirilişçi" kabul edilmiştir. Özellikle öne çıkan, dünyanın en ünlü arenası olan Madison Square Garden'da 2006 yılında gerçekleştirilen New York

Seferi'dir; etkinlik 220 ülkede yayınlanmıştır. 2009 yılında Kudüs Uluslararası Kongre Merkezi'nde gerçekleştirilen "Birleşmiş İsrail Seferi'nde", cesurca İsa'nın Mesih ve Kurtarıcı olduğunu ilan etmiştir.

GCN TV dâhil olmak üzere, uydular aracılığıyla vaazları 176 ülkede yayınlanmaktadır. Popüler Rus Hristiyan dergisi *In Victory* tarafından 2009 ve 2010 yıllarının en önde gelen 10 etkin Hristiyan önderlerinden biri, *Christian Telegraph* haber ajansı tarafından ise güçlü TV yayıncılığıyla vaaz ve yurtdışı kilise faaliyetleri için etkin bir önder seçilmiştir.

Temmuz 2018 tarihi itibarıyla Manmin Merkez Kilisesi'nin 130,000'den fazla cemaat üyesi bulunmaktadır. 56 yerel kilisesi dâhil olmak üzere dünya çapında 11,000 şube kilisesi bulunmaktadır ve Amerika Birleşik Devletleri, Rusya, Almanya, Kanada, Japonya, Çin, Fransa, Hindistan, Kenya ve daha fazlası olmak üzere 23 ülkeye 100'dan fazla rahip atamıştır.

En çok satanlar listesinde *Ölümden Önce Sonsuz Yaşamı Tatma, Hayatım ve İmanım I&II, Çarmıhın Mesajı, İmanın Ölçüsü, Göksel Egemenlik I&II, Cehennem, Uyan İsrail, Tanrı'nın Gücü* olmak üzere, bu kitabın yayınlanış tarihi itibarıyla 1121 kitap yazmış ve kitapları 76'den fazla dile çevrilmiştir.

Dini makaleleri *The Hankook Ilbo, The JoongAng Daily, The Chosun Ilbo, The Dong-A Ilbo, The Seoul Shinmun, The Hankyoreh Shinmun, The Kyunghyang Shinmun, The Korea Economic Daily, The Shisa News,* ve *The Christian Press* dergi ve gazetelerinde yayınlanmaktadır.

Dr. Lee şu anda birçok misyonerlik kuruluşunun ve derneğinin kurucusu ve başkanıdır. Bunlardan bazıları şunlardır: İsa Mesih'in Birleşmiş Kutsallık Kilisesi (The United Holiness Church of Jesus Christ) Dünya Hristiyanlığı Diriliş Misyonu Derneği (The World Christianity Revival Mission Association) Daimi Başkanı; Global Hristiyan Network (GCN-Global Christian Network) Kurucusu ve Yönetim Kurulu Başkanı; Dünya Hristiyan Doktorları (WCDN- The World Christan Doctors Network) Kurucusu ve Yönetim Kurulu Başkanı; Manmin Uluslararası İlahiyat Okulu (MIS-Manmin International Seminary) Kurucusu ve Yönetim Kurulu Başkanı.

Aynı Yazar Tarafından Yazılmış Diğer Etkili Kitaplar

Göksel Egemenlik I & II

Göksel ahalinin keyfine vardığı muhteşem güzellikte ki yaşama ortamının detaylı bir taslağı ve göksel egemenliğin farklı katlarının güzel bir açıklaması.

Çarmıhın Mesajı

Ruhani uykuda olan tüm insanların uyanmasını sağlayan güçlü bir mesaj! Bu kitapta İsa'nın niçin tek Kurtarıcı olduğunu ve Tanrı'nın gerçek sevgisini keşfedeceksiniz.

Cehennem

Tek bir canın bile cehennemin derinliklerine düşmesini arzu etmeyen Tanrı'dan tüm insanlığa içten bir mesaj! Aşağı ölüler diyarı ve cehennemin daha önce hiç açıklanmamış acımasız gerçeğini keşfedeceksiniz.

Ruh, Can ve Beden I & II

Ruh, can ve beden hakkında ruhani kavrayışa sahip olmamızı ve nasıl bir özden yaratıldığımızı keşfetmemizi sağlayan bu rehber kitap sayesinde karanlığı yenilgiye uğratmak ve ruhun insanına dönüşmek için güce sahip olabiliriz.

İmanın Ölçüsü

Sizin için gökler nasıl bir yer, ne tip bir taç ve ödül hazırlandı? Bu kitap sizlere imanınızı ölçebilmeniz ve en iyi ve en olgun imana sahip olabilmeniz için bilgi ve rehberlik sağlar.

Uyan İsrail

Niçin dünyanın başından günümüze kadar Tanrı gözlerini srail'den ayırmamıştır? Tanrı bu son günlerde İsrail için nasıl bir takdiri ilahi hazırlamıştır? Bu kitap, Mesih ile İsrail arasında ki ilişkiye ve Tanrı'nın İsrail için planladıklarına ışık tutar.

Hayatım ve İmanım I & II

Karanlık dalgalar, evlilik sorunları ve derin çaresizliklerle geçen yaşamı, Tanrı'nın sevgisiyle tekrar doğan ve okuyucularına hoş kokulu ruhani aroma yayan Dr. Jaerock Lee'nin otobiyografisi.

Tanrı'nın Gücü

Bir kişinin gerçek imana sahip olması ve Tanrı'nın olağanüstü gücünü deneyim etmesinde temel kılavuz görevi gören ve mutlaka okunması gereken bir kitap.

www.urimbooks.com

www.ingramcontent.com/pod-product-compliance
Lightning Source LLC
LaVergne TN
LVHW092051060526
838201LV00047B/1341